10年分の検証データが証明する

ほかでは読めない"ココ"だけの検証データが導く成功のカギ

移動平均線で"本当"の話

勝つために学ぶべき

"本当"の話

角田和将 著

JN212991

Pan Rolling

はじめに

1）小難しいインジケーターなど使わなくても移動平均線だけで勝てる

　「FXトレードは移動平均線だけで勝てる」と言われたら、あなたはどう思いますか？

　プロのトレーダーほど高い制度を確保して、さまざまなインジケーターを駆使しながらトレードしているイメージがありますから「嘘だろう」と思われるかもしれませんが、実は勝てるのです。

　本書は、**移動平均線だけで勝てる方法を"データによる証明"付きで伝える**ため出版しました。もったいぶっても仕方がないので、最初に結論から載せてしまいます。以下の制約を守りながら移動平均線を使えば、FXで勝つことができます。

---

①ポンド円かドル円で使うこと

　※百歩譲っても円ベースの通貨ペアだけにしておく

②30分足以上の時間足で使うこと［3線分析（後述）は15分足以上でも可］

③使用する移動平均線の本数は2本か3本

④勝率は30〜40％程度と割り切ること

⑤勝率が低い分、損小利大を心がけること

　この制約だけを守って移動平均線を使えばよいのです。こう言うと「本当かよ……」と思う人も多いでしょうが、次ページの上段のグラフを見てください。これは、ポンド円30分足の過去10年間のチャートデータを元に、2本の移動平均線（短期の移動平均線と長期の移動平

均線）が交差したタイミングで売り買いを繰り返した結果（2線分析の結果。2線分析については本文にて）の収益曲線になります。

◆ポンド円30分足　10年間の収益曲線（2線分析の結果）

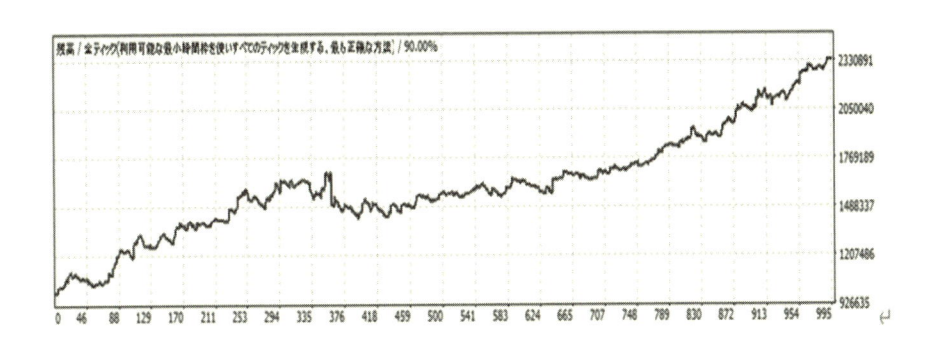

　極めて単純なルールですが、きちんと期待値の高いルールとして使えるのです。

　「所詮は過去データでの話だろう」と思われるかもしれませんが、世の中で知られているほとんどのトレードルールには、その過去データによる検証結果さえ載っていないのが普通です。少なくとも過去10年間で見れば勝てるという事実は、他のルールと比べても期待値の高いものだと言えるでしょう。

　世の中には数多くのルールがあり、「このルールを使えば勝てますよ」と言われているものがたくさんありますが、データで検証した結果を添えて紹介されているルールは皆無に等しいです。

　私自身、トレードを始めたばかりの初心者のときに、トレードルールが書かれている本を読み、実践したものの、勝つことができずに悩んでいました。

　例えば、移動平均線を使ったルールでよく知られているものに「移動平均線にローソク足がタッチしたら押し目買い（戻り売り）」があ

りします。

　ただこのルール、ローソク足だけを見たときには下落トレンドの局面にあるけれども、移動平均線の傾きはまだ上向きになったままだとした場合、どのタッチで買えばよいのか、皆さんはわかりますか？

　解説を見ると、何となく「ここで買えれば理想」というところに印が付けられていますが、実際にトレードするとなると、ここから移動平均線を抜くか、割るかわからないような、タッチしてすぐの瞬間にエントリーするしかありません。

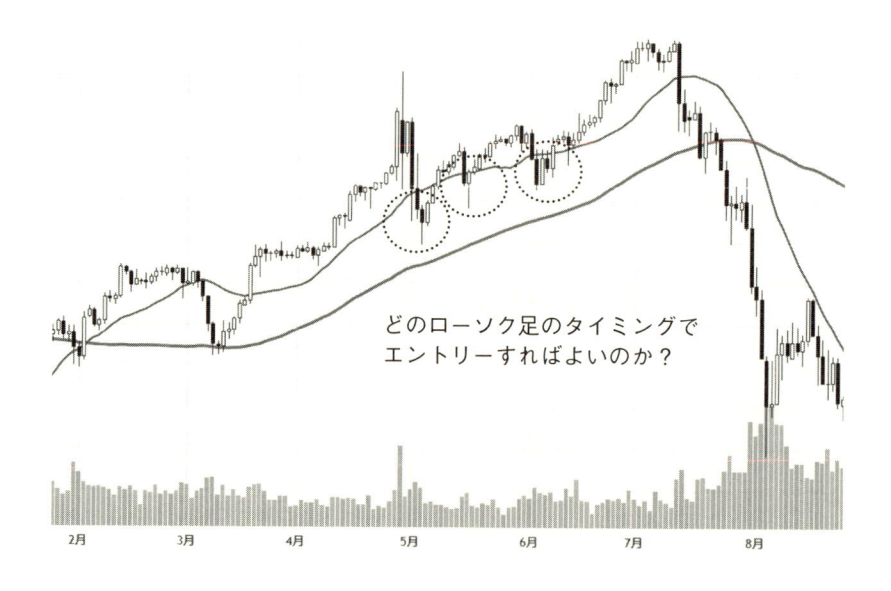

どのローソク足のタイミングで
エントリーすればよいのか？

　そのとき、「おそらく書かれているルールと、自分がやっていることが完全に一致していないから、うまくいかないのだろう」とは思いながらも、「なぜこのルールで勝てると言っているのに、検証結果のデータは載ってないのだろう」という疑問も持っていました。もちろん、どのくらい待てばよいのか、下ひげがどのくらいまで割り込んでもよいのか等、ロジカルに明確な表現で細かく説明されていればよいのですが、ほぼそういった説明はありません。もしそういった説明

があるならば、検証データを添えて「これが勝てる証拠」と言えますが、そんな情報発信が公にされている記事は見たことがありません。少なくとも過去のチャートデータは不動のものとして存在しているわけで、それに対して、少なくとも（ルールを適用して）勝てる見込みが望めない以上、期待は持てないでしょう。

このことが私自身、ずっと疑問に思っていて、これを解決する本があれば……、という思いから本書の出版に至ることとなりました。

2）勝てないトレードルールはこの世に存在しない？

本書では移動平均線を使ったルールを"検証結果のデータ付き"で追求していきます。私自身、これまでにも移動平均線も含めた、さまざまなインジケーターを検証してきました。前作『「出口」から考えるFX』でも書いたように、検証を進めるほどに思っていることがあります。それは**「そもそも勝てないトレードルールなど存在しないのでは？」**ということです。

検証データを見るほどに、**どんなルールでも、ルールを使う通貨ペア（銘柄）と時間足（時間軸）の組み合わせ次第で、どこかに勝てる場が必ずある**と思えてならないのです。

例えば、次ページ上段の検証結果を見てください。これはポンド円4時間足で、「移動平均線を超えたタイミングで買って、下回ったタイミングで売る」という、極めて単純な売買方法（単線分析）で取引した結果です。

こういう単純なルールでも勝てる期待値があるわけですが、ここでポイントとなるのが、**「どんな通貨ペアであっても、どんな時間足であっても勝てるのか？」**です。

これと同じ手法を、通貨ペアを変えて、例えば「ユーロドル4時間足」で検証すると次ページ中段のような資産曲線（負け）になります。

◆ポンド円４時間足　10年間の収益曲線（単線分析）

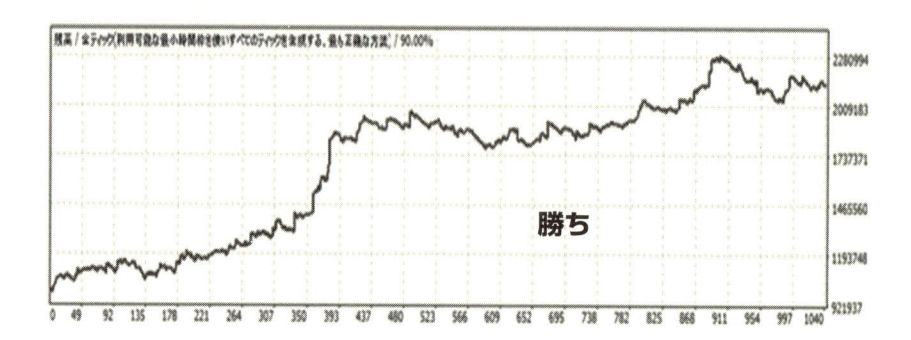

◆ユーロドル４時間足　10年間の収益曲線（単線分析）

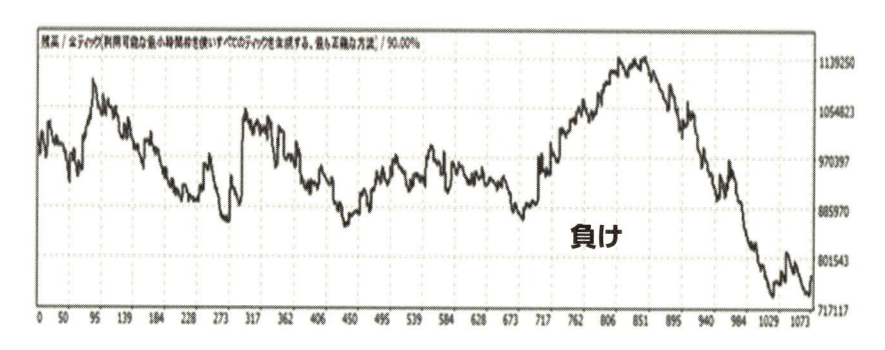

◆ポンド円１時間足　10年間の収益曲線（単線分析）

仮に、この結果を先に見て「このルールでは勝てない」と思ったら、その思い込みからそこで検証を止めてしまうかもしれません。

　では、前ページ下段の「ポンド円1時間足」で検証した結果を見てください。

　今度は勝つ結果となりました。ここまでの結果を考えると、何となく「ユーロドルだと期待値が低いけれど、ポンド円では期待値が高いのでは……？」という雰囲気が漂ってきます。

　詳細は本編で解説していきますが、実は、同じ通貨ペアであっても、勝てる時間足と勝てない時間足があります。。

　今回は移動平均線を例に挙げましたが、どのインジケーターにも（ボリンジャーバンドにも、RSIにも）同じことが言えます。

　このようにトレードルールというものは、**「このルールなら勝てる（勝てない）」という視点で考える**のではなく、**「このルールはどの場面であれば勝てるのか？」という視点で考える必要がある**のです。

3）何をやっても勝てる中で、なぜ移動平均線なのか？

　本書では、インジケーターについては今回、移動平均線に絞ってお話ししていきます。

　なぜ移動平均線に絞ったのか？

　それは、最も多くのトレーダーが見ているインジケーターだからです。原則として知っておかなければならないことは、**「相場は多数決の原理で動く」**ということです。例えば、米ドルの金利が上がるという発表があったとします。このとき「金利が上がるから買おう」と思う人が多ければ、ドル買いが進むでしょう。

　逆に、発表前から金利が上がる可能性が高いと考えていて、先回り

してドル買いをしていた人が多かったとしたら、発表と同時に売ろう とする、いわゆる"うわさで買って、事実で売る人"が多くなるの で、その結果、ドル売りが進むでしょう。

　要するに、相場は指標発表などの結果で動くというより、結果を見た ときに、多くの人が思ったことのほう（多数派の方向）に動くのです。

　テクニカル指標の世界でこのことを考えると、**世界中で最も多くの トレーダーが見ているインジケーターは移動平均線でしょう**という話 になります。ということは、移動平均線の変化を見て「買いだ！」 「売りだ！」と思う人が最も多くなるという理屈にもなります。つま り、相場の価格変動に対して最も大きく反応するインジケーターは移 動平均線と考えられるのです。

　このような考え方があるため、移動平均線を使ったトレードルール は本やネットなど、さまざまなところで紹介されています。ただ先述し たように、ルール内容が抽象的であったり、「感覚的に理解してもらう （させている？）」部分があるものばかりで、検証データを添えて勝て る見込みが高いことを示しながら伝えているものは皆無に等しいです。

　本書では移動平均線を使ったトレードルールをプログラムに落とし込 むことで、誰が見ても明確で、かつ、誰でも再現できる形で表現してい きつつ、それを過去チャートに適用することで、**期待値の証明データも 添えながら、移動平均線だけで勝つ方法を紹介**していきます。

　念のため、注意事項として一点触れておきます。証明データは MT4というツールを使って出力していきますが、自動売買プログラ ムの制作を目的としているのではありません。裁量トレードのベース として使うにしても、「本当に期待が持てるルールなのか？」を測る 目的でMT4を使用するだけです。そのため、特に日常的に自動売買 プログラムで運用されているシステムトレーダーの方は、本書の目的 を誤解なさらないでいただければ幸いに思います。

4）本書の読み方

　本書は必ずしも最初から読み進める必要はありません。私は別分野で読書法の書籍の出版もしており、いわゆるベストセラーの部類に入る本を作った経験もあります。その経験を活かし、本書があなた自身にとって最も活きる読み方を、ここでご紹介しておきます。

　まず**「自分は初心者中の初心者だ」と思われる方**は、第１章、第２章と順番に読み進めてください。

　すでに**トレード経験があり、「とにかく結論の詳細が知りたい」という方**は、第５章第６節の「まとめ」から読み始め、気になるルール検証の結果を確認してください。検証条件は第４章にまとめていますので、必要の都度、併せてご確認ください。

　同じく、**自信の有無は別として、ある程度トレード経験がある方**も第１章、第２章は飛ばして、第３章から読み始めていただいて構いません。

　本書は読み手のトレード経験に応じて、どこからお読みいただいても理解できるように制作しておりますのでご安心ください。もし読み進めていて難しく感じるようであれば第１章から順番に読み進めてください。

　この本を通じて、勝てる相場で、勝てる方法を使いながら、勝ち癖をつけていってもらえるならば、著者としてこのうえない喜びを感じます。

> 本書の中で使用しているチャートは
> Trading Viewから引用したものです。

第1章

「平均」の話を復習

第2章

移動平均線の基礎知識を学ぶ

第3章

知らないと勝てない「前提知識」について学ぶ

❶ 複雑にインジケーターを表示すると勝てなくなる理由

❷ 最も多くの人が見ている「移動平均線」だけ使えば勝てる？

❸ 信用できないルールはメンタルに悪影響を与える

第4章

よく知られる移動平均線を活用したルールを検証するにあたって

第5章

移動平均線を使った各ルールの「検証結果」を知る
～証拠（検証結果）から「使えるトレードルール」を学ぶ～

第6章

移動平均線を活用したルールの「損失」を最小限にする

第7章

移動平均線を活用したルールの「利幅」を伸ばす

終 章

まとめ　〜私たちは移動平均線の「何」を学ぶのか？〜　195

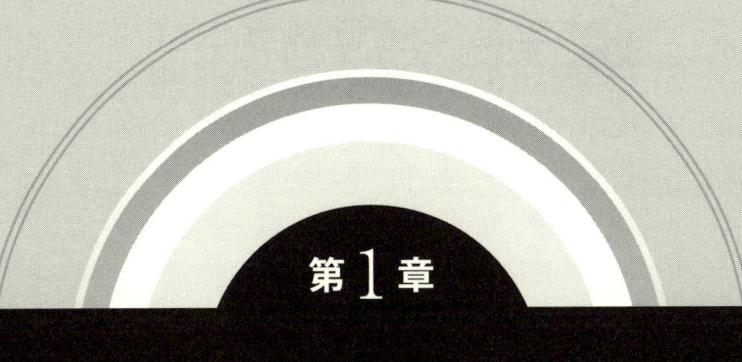

第1章

「平均」の話を復習

～第1節～
小学5年生で習う、「平均」の話を簡単に復習

1）「平均」を復習

本書のテーマは、「移動平均線について学ぶ」です。この言葉（移動平均線）に出てくる「平均」とは、今は小学5年生で習う「平均」のことです。小学生で習ったことが生かされてくるわけです。

平均には、文字通り、「平らに均す」という意味があります。一応、おさらいしておきましょう。

例えば、国語のテスト（100点満点）があったとします。あるグループの加藤さんは80点、佐藤さんは75点　高橋さんは92点、武田さんは63点、原口さんは70点だったとします。このグループの平均点は、次のようにして求めます（※求め方はいろいろありますが、算数の学習の話が主ではないので、ここでは最も基礎的な方法で計算することにします）。

> 合計点数÷人数
> ＝（80点＋75点＋92点＋63点＋70点）÷5
> ＝380点÷5人
> ＝76点

このグループ5人の点数を「平らに均す」と「76点」になる、というわけです。

移動平均線も同じような理屈です。考え方自体は、決して難しいものではありません。それでいて、多くのトレーダーに重宝されている、とても便利なツールなのです。

2）「平均」を使った主な例　〜一般例〜

「平均」は日常生活からビジネス、さらには科学や金融まで、さまざまな分野で活用されています。ここでは、その主な使用例を見ていきます。

① 予算管理

家計やビジネスでの予算管理において、「平均」は非常に重要な役割を果たします。過去の支出や収入を基に平均を算出することで、長期的な傾向をつかむことができるからです。例えば、家計で言うと、毎月の平均支出を計算することで、どの分野に最も多くのお金を使っているかがわかります。無駄な支出を削減したり、特定の分野に予算を集中させたりなど、お金の使い道の判断材料になります。

ビジネスの場面でも同様です。過去の営業利益やコストを平均して分析することで、経費削減のポイントが見つかれば、今後の予算策定に役立てることができます。例えば、広告費や製造コストの平均を出すことで、どの部門が効率よく資金を活用しているか、逆にどの部門で改善が必要かがわかります。このように、平均は将来の計画を立てるときの強力なツールとなります。

② 製品の品質管理

製造業では、製品の品質を安定させるためには、「平均」を用いる

ことが一般的です。製品の寸法や重量、耐久性などの測定結果から平均を算出することで、製品のバラつきを把握し、基準から外れた製品を検出することができます。

　例えば、製品の寸法が基準よりも大きく外れてしまうと、機能性の問題が出たり、顧客の要求を満たせなくなることがあります。そのため、品質管理においては、平均とともに標準偏差や許容範囲も設定し、異常が発生していないかをチェックします。平均は、製品の安定性と信頼性を確保するために欠かせない指標となっています。

③ 人口統計学

　人口統計学の分野では、「平均」は特定の地域や国の社会状況や生活水準を把握するための基本的な指標になります。

　例えば、平均寿命を分析することで、その国や地域の医療システムはもちろん、そこで生活する人々の健康状態についても評価＆把握することができます。

　また、平均世帯収入を算出することで、その社会の経済的な豊かさや所得格差がどのレベルにあるのかを把握でき、政策立案時の基礎データとなります。

　さらに、人口密度や出生率、失業率なども平均値で評価されます。

　これらは、将来的な社会的・経済的な傾向を予測するための材料となります。こうした平均値に基づいて、政府や自治体は福祉政策や雇用施策を計画・実行するのです。

3）金融の世界での「平均」の使い方

　「金融の世界」では、特にリスク管理やトレンド分析において「平均」が非常に重要な役割を果たします。

① リスク管理

　金融市場では、資産の収益率や変動率を基にリスクを評価するときに「平均」がよく使われます。例えば、過去の数年間における株式や債券の平均的なリターンを計算することで、その資産が安定的に収益を上げているかどうかを判断できます。

　加えて、価格の変動率（ボラティリティ）の平均を計算することで、その資産がどの程度のリスクを伴っているかもわかります。一般的に、変動が大きいほどリスクも高く、変動が少ないほどリスクは低くなります。投資家はこれらの平均値を基に、自身のリスク許容度に応じた投資戦略を立てることができます。

② トレンドの分析

　金融データは、時間とともに変動するため、長期的な傾向（トレンド）を把握することが重要です。このトレンドを見つけるために使われるのが「移動平均」です。移動平均とは、一定期間のデータの平均を取り続け、その結果を線で表したものです（後述）。

　例えば、株価の移動平均（線）を使えば、その株が上昇トレンドにあるのか、下降トレンドにあるのかが視覚的に把握できます。このことにより、投資家はトレンドに従って、適切なタイミングで売買を行うことができるのです。移動平均は、短期のトレンドだけでなく、長期的な市場の方向性を捉えるためにも有効なツールとなっています。

　以上のように、「平均」は私たちの生活やビジネス、さらに金融の世界でも非常に役立つ基本的な指標なのです。平均を正しく理解し活用することで、さまざまな状況での判断や計画がより的確なものになります。

～第2節～
平均は「ものごと」を計る基準になる

1) 平均よりも「高いか」「低いか」

　ここでは、なぜ「平均」に注目するのかを説明します。小学校でも習う基本的な内容ですが、復習も兼ねて確認してみましょう。平均を理解することで、数値の位置づけが明確になり、結果やデータを正しく評価することができます。

　例えば、ある数学のテストで「75点（100点満点中）」を取ったとします。この点数だけを見ると、7割5分を取っているので、表面的には良い点数だと感じるかもしれません。しかし、実際にその成績が「良い」かどうかは、他のデータ、つまり他の人たちのテストの結果と比較してみなければわかりません。そこで、平均点が重要になってきます。

　どういうことか、具体的に説明してみましょう。仮にクラス全体の平均点が「85点」だった場合を考えてみてください。この場合、「75点」は平均よりも低い点数になります。ということは、見た目では高得点のように見える「75点」も、相対的には「良い成績」とは言いにくくなります。「平均よりも低い」という事実を知ることで、この点数の評価が変わってくるわけです。

逆に、もし平均点が「40点」だったとしたらどうでしょうか。この場合、「75点」は平均よりもはるかに高い点数となりますから、素晴らしい成績と言えるでしょう。

　つまり、単に「75点」を見るだけでは、その良し悪しを正しく評価できないのです。平均点を知り、さらにはそれと比較することではじめて、75点という数字が相対的に「良い」のか「悪い」のかを判断できるようになるのです。

　このように、平均は「他のデータと比較して結果を評価するための基準となる」という意味において極めて重要な概念となります。何かの数字を見たときに、それが「高い」のか「低い」のか、つまり良い結果なのか、それとも悪い結果なのかを判断するためには、常に「基準」となるものが必要です。平均は、その基準を提供してくれる非常に重要な指標になるのです。

　平均を知ることができれば、全体の中で自分の位置や状況を把握できるようにもなります。例えば、スポーツや仕事、さらには生活習慣など、さまざまな場面で平均を活用することができます。具体的には、あるスポーツ選手のパフォーマンスがシーズン平均よりも良いかどうか、あるいは健康診断で自分の体重や血圧が年齢や性別の平均よりも高いか低いかを確認することで、次に取るべき行動を考える材料になります。

　以上のことからわかるように、平均という概念は私たちの日常生活のあらゆる分野で役立っています。平均を理解することは非常に重要なのです。

２）異常値の発見

　ここでも、わかりやすい例として、テストの点数を取り上げてみましょう。例えば、あるクラスで数学のテストが行われたとします。このクラス全体の平均点が30点だった場合、これは、そのテストの典型的な点数の目安を示しています。つまり、多くの生徒がこの付近の点数を取っていることになります。

　さて、ある生徒が90点を取ったとしましょう。この90点という点数は、クラス全体の平均点30点から見ると大きく離れています。これを「異常値」と呼びます。この場合の異常値は、ポジティブな意味で「普通ではない」点数を表しています。通常、このような極端な点数は、何か特に優れた能力やパフォーマンスを示していることが多いものです。例えば、この生徒はテストで非常に優れた理解力や計算力を発揮したと考えられます。

　一方で、もし平均点が計算されていなかった場合、この90点という点数がどれだけ特別なのかを判断することは難しいでしょう。単に「高い点数」という印象を持つかもしれませんが、その背後にある「クラスの平均点から大きく外れている」という事実は見えなくなります。このように、平均があるからこそ、個々の点数が全体の中でどのような位置にあるのかを正確に理解することができるのです。

　さらに、異常値は「異常に高い」というケースだけでなく、「異常に低い」というケースも考えられます。例えば、もしクラスの平均点が60点なのに、ある生徒が５点を取った場合、これは「異常に低い」点数と見なされます。このような低い異常値も、平均があるおかげで簡単に見つけ出すことができます。平均という基準がなければ、こうした"普通ではないデータ"の発見や分析は困難になります。

つまり、平均はデータの全体的な傾向を示すだけでなく、特定の
データがその中からどれだけ外れているのか、つまり「異常値」であ
るかどうかを判断するための非常に重要な指標にもなるのです。

3）異常値と平均への回帰

　データを観察していると、先述したように、平均から大きく外れた
「異常値」が出現することがあります。これらは予期していない高い
数値や低い数値ですから、一見すると大きな意味を持っているように
思われることもあります。しかし、これらの異常値は異常値である以
上、一時的なものであって、永続的なものではないことのほうが多い
のです。実際、多くの場合、異常値は時間が経つにつれて平均に近づ
いていきます。この"平均に戻っていく"現象を「平均への回帰」と
呼びます。

　「平均への回帰」とは、極端な値や異常値が次第に全体の平均に近
づくという統計学上の原則です。これは、偶然によって極端な結果が
出たとしても、回数を重ねるうちに、より典型的な結果へと収束して
いくことを意味します。つまり、異常に高い結果や異常に低い結果が
出ても、それは長期間にわたるデータの中で見れば一時的なものであ
り、時間の経過とともに通常の範囲、すなわち平均に戻っていくので
す。

　この原則を理解する例として「プロ野球」を挙げてみましょう。例
えば、プロの野球選手がシーズンのある試合で非常に高い打率を記録
したとします。その試合で、仮に5打数5安打の結果を残したとしま
しょう。これは滅多にないこと、いわば「異常値」にあたります。
　しかし、この高打率がずっと続くかというと、そういうわけではあ

りません。その後に続く試合をこなしていくなかで通常のパフォーマンスに戻り、結果的にシーズン全体の打率は平均に近づく傾向があります。

　この平均への回帰は、「投資の世界」でも見られます。例えば、ある業種のある特定の株式が一時的に非常に高いリターンを記録するようなことがあります。その流れが、今後も継続するような持続的な成長を示しているのであればよいのですが、実際には、偶然や市場の一時的な変動で終わることのほうが多いです。いずれは、高いリターンが嘘であったかのように、市場全体の平均的なリターンに回帰する傾向が見られます。

　この「平均への回帰」という現象は、データ分析や意思決定において、頭で考えている以上に重要なものとなります。なぜなら、短期的な異常値に惑わされて判断を下すことにはリスクがあるからです。異常な結果が出たときに、それが単なる一時的なものであると理解することができれば、冷静に対処することができます。
　投資家には、短期的な価格変動に過剰反応するのではなく、長期的なトレンドを見据えて行動することが求められます。短期的な異常値にとらわれず、「データが平均に回帰すること」を理解して行動することができれば、それは持続的な成功へと続く道になります。
　ちなみに、異常値が出現するのは、一般的にはデータに偶然の要素が含まれているためです。何らかの一時的な影響や偶然の出来事がデータに反映されると、異常値が生じることがあります。しかし、長期間にわたるデータの収集や観測を続けていけば、こうした異常値は平均に吸収され、全体の傾向がよりはっきりと見えてきます。これが「平均への回帰」の本質です。

「平均」を学ぶことの意味

　ここまで、「平均」について、いくつかの話を交えながら解説してきました。「なぜ、平均を学ぶか」の理由については、大きく**「現状把握」**と**「未来予測」**の2つが挙げられます

1）現状把握

　「平均」を知ることのメリットのひとつとして考えられるのが「全体的な傾向を理解し、現状を正確に把握することができること」です。

　例えば、クラス全体のテストの平均点を知ることで、クラスの学力水準を把握できるだけでなく、自分の成績が他の生徒と比べてどの位置にあるのかを判断することが可能になります。個別の点数をいくつか見ただけでは、全体のレベル感を捉えるのは難しいですが、平均点がわかれば、自分が「平均より上か、下か」という判断が下せます。より正確に**現状を把握することが可能になる**わけです。

　ビジネスにおいても、平均を使うことで現状のパフォーマンスを把握できます。例えば、会社の売上の平均を知ることで、「月ごとの売上がどのように推移しているか」「特定の時期に異常値が出ていないか」などを分析することができます。

このように、平均を基にした現状把握は、今後の戦略や改善の方向性を決定するための重要なステップとなります。

　この「現状把握」の重要性は、金融市場や投資においては特に顕著です。価格の変動は常に起こっていて、しかもその動きは複雑なため、正確に予測するのは困難だからです。

　不確実な要素が多いマーケットという世界の中では、現在の価格がどのようなトレンドにあるのか、過去の動きと照らし合わせて「現状を冷静に把握する」ためのツールが必要です。その役割を果たすのが「平均」。具体的には、本書のテーマである「移動平均線」です（※移動平均線については第2章であらためて解説）。

　例えば、個々の価格データだけを見てしまうと、急な上昇や下降に惑わされ、感情的な判断をしてしまう怖れがあります。しかし、移動平均線を参照することで、全体的な価格の流れや傾向を把握しやすくなります。異常値が出現したとしても、「平均」を見ておけば、その一瞬の値動きに左右されずに済みます。「現在、相場がどの位置にあるのか」を理解するための道具として、非常に有用なのです。

　もっと単純な見方も可能です。例えば、平均（移動平均線）の上側にローソク足があるときには、平均よりも上側にあるという意味で買いが優勢、平均の下側にローソク足があるときには、平均よりも下という意味で売りが優勢であることがわかります。

　以上のように、「平均」がわかると、現状も同時につかむことができるのです。

2）未来予測

　平均は過去のデータを基にした「現状把握」に役立つだけでなく、

◆平均（移動平均線）とローソク足の関係

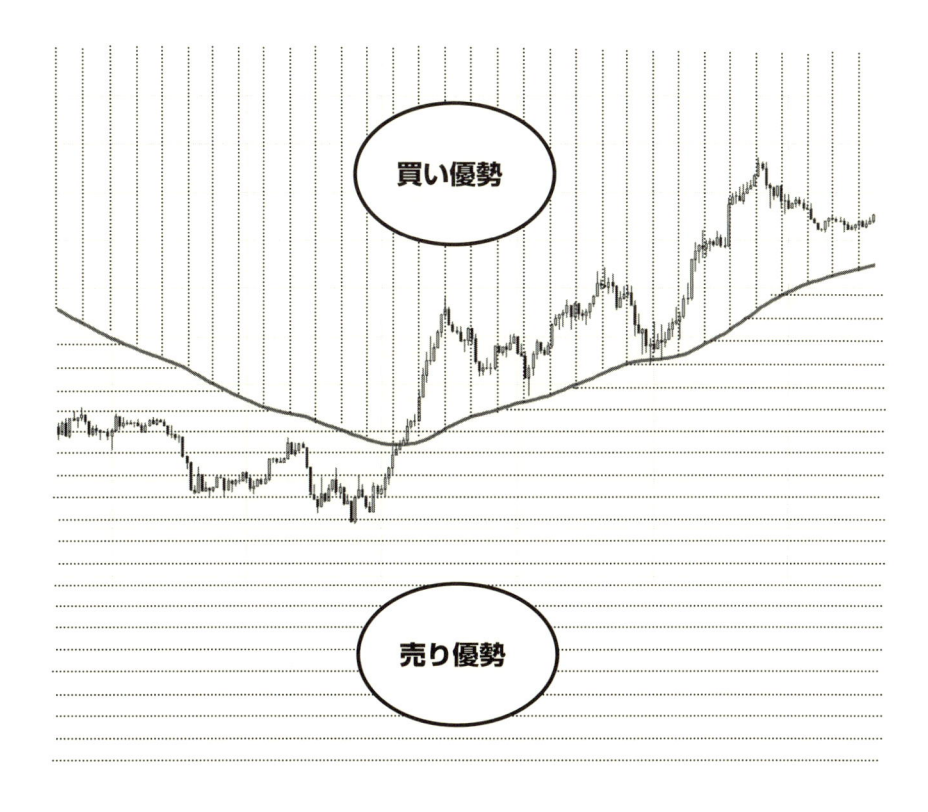

平均（移動平均線）の上側にローソク足があるときには、買いが
優勢、平均の下側にローソク足があるときには、売りが優勢

未来を予測するための重要なツールでもあります。

　第2章で紹介する移動平均線に代表されるように、平均の推移を取ることで、金融市場や経済活動の将来の動きを予測する手がかりを得ることができます。

　例えば、平均が徐々に上がってきているようであれば、現状は上昇トレンドが発生していると考えることができますので、確率的に考えて、今後もその上昇トレンドが続く可能性が高いという判断が可能になります。

　このように、平均を用いることで、過去の動きから将来の見通しを得ることができるのです。将来の予測のように、個々のデータを見ているだけではつかむことはできないけれども、平均を知ることではじめてその輪郭が見える情報もあるのです。

第2章

移動平均線の基礎知識を学ぶ

~第1節~

移動平均線とは何か？

１）全体像を俯瞰するためのツールが移動平均線である

　トレードの世界で最も一般的な指標として使われる「移動平均線」。実際、一度くらいは使ったことのあるテクニカル指標でしょう。

　ところが、初心者はもちろん、上級者の方でも「移動平均線とは何か？」とあらためて聞かれると、思っていたよりもあいまいな答えしか返せないことに気づくかもしれません。

　トレーダーの多くが見ているテクニカル指標だからこそ、基礎的なところは押さえておきたいものです。そこで、移動平均線を使ったトレード手法を学ぶ前に、まずは「移動平均線とは何か」について復習しておこうと思います。

　移動平均線は「移動平均という値」を時系列で結んだ線になります（※42ページのコラム３参照）。そういう言われ方だと難しそうに感じるかもしれません。しかし、この移動平均という概念は、トレード以外の分野でも日常的に活用されているものなのです。

　例えば、気象分野です。常に変化している気温の場合、個々の変動が細かすぎるため、そのひとつひとつの変化を見すぎてしまうと、「全体的に気温が上がっているのか、下がっているのか」がわかりにくくなってしまいます。そういう場面で、個々の変動を滑らかにして

データを俯瞰するときに「移動平均」という手法を用いるのです。

　相場における移動平均（線）も使い方は同じです。例えば、ローソク足1本分のデータのように、個々の細かいデータもまた、それ自体、大事なものです。しかし、1本のローソク足という細かい情報に目を向けすぎてしまうと、全体の流れがぼやけてきてしまいます。そういうとき、全体の傾向を把握しやすくするツールとして移動平均線が用いられているのです。

　相場における移動平均線とは、一言でまとめると「相場のトレンドの方向性（全体の流れ）を見る」ために使われる指標と考えましょう。平均とは、数値を平準化することでバラつきをなくし、一定数のまとまった数値を、ひとつの代表値として表しているものです。これを連続的に表現したものが移動平均線なのです。

2）移動平均線の歴史

　相場の世界で移動平均線が最初に用いられたのは、1920年ごろに米国で開発された説と、同時期に「からみ足」という名称で移動平均線に相当するものが日本にあったとされる説の2つがあると言われています。その後、アメリカのJ・E・グランビルが「グランビルの法則」を世に出したことをきっかけにして、本格的に相場の世界に広まったと言われています。

　グランビルの法則とは、簡単に言えば価格と移動平均線の位置関係で売買タイミングを計るものです。

　グランビルの法則（※36ページのコラム2）を活用するトレーダーは今でも多くいますが、実はグランビルの法則を世に出した本人は破産しています。

　だからといって、移動平均線そのものが使えないという意味ではあ

りません。その点はご注意ください。

　移動平均線自体はシンプルでわかりやすく、最も多くのトレーダーがチェックしている指標です。本書でも、グランビルの法則をベースに、「価格と移動平均線の位置関係での売買タイミングで勝てるのか」について、過去データを参考にして、勝てる可能性があるパターンを紹介しています。

　その拠り所は「相場は美人コンテストである（※コラム1参照）」と言われる点にあります。実際、多くの人が買えば価格は上昇しますし、多くの人が売れば価格は下落します。つまり、多くの人が売買タイミングの基準として見ている指標が移動平均線だと考えれば、この指標に沿ったトレードをするほうが価格変化の流れに乗りやすくなるのです。これは、移動平均線を考えるうえで、とても重要なポイントになります。

コラム1　相場は美人コンテストである

　「相場は美人コンテストである」という表現は、経済学者ジョン・メイナード・ケインズが提唱した「ケインズの美人投票」に由来しています。この例えは、相場や市場における参加者の心理を説明するときによく使われます。

　ケインズは市場の動きを「美人コンテスト」に例えました。このコンテストでは、以下のルールが設定されています。

◎参加者は、複数の顔写真の中から「美しいと思う顔」を選ぶ
◎ただし、選ぶ基準は「自分が美しいと思う顔」ではなく、他の参加者が「美しいと思いそうな顔」

◎最も多くの票を集めた顔を選んだ人が報酬を得る

　要するに、このゲームで報酬を手にするには「自分の好み」を重視するのではなく、「多くの人がどう判断するか」を推測する必要があります。そして、「他人がどう思うか」を推測する力には、相場や市場で結果を出すときに通じるものがあります。相場や市場では、価格は需要と供給のバランスで決まります。その需要や供給には人々の心理が強く影響するからです。

　投資家は、資産の本質的な価値（ファンダメンタルズ）だけでなく、他の投資家がどう動くかについても予想します。価格は、特定の銘柄や資産が「多くの人に注目されている」ことによる影響を受けて変動するからです。
　また、市場では、誰が買うか、誰が売るかといった群集心理も、価格に影響を与えます。そのため、自分の判断だけでなく、他人がどう考え、どう行動するかを見極めることが成功の鍵になってくるのです。

　「相場は美人コンテストである」と言われる理由は、価格の形成が投資家ひとりひとりの判断だけではなく、他の市場参加者がどう行動するかも予測するゲームであるからです。この比喩は、相場の複雑さや人間心理がいかに重要であるかを示しています。

コラム2　グランビルの法則

　グランビルの法則は、「移動平均線が投資家の心理を反映し、価格のトレンドに追随する」という考え方に基づいた分析手法です。株価と移動平均線（MA）の関係を参考に、売買のタイミングを判断するものです。

　グランビルの法則は、全部で8つのルール（買いシグナル4つ、売りシグナル4つ）から成り立っています。

1）買いシグナル

　買いシグナルには、次の4つがあります。

①買いシグナル1
　下落していた移動平均線が横ばい、または上向きに転じたとき（※重要）に、価格が移動平均線を下から上に突き抜ける

②買いシグナル2
　移動平均線が上向きのとき（※重要）に、価格がいったん移動平均線の手前まで下落するものの、移動平均線を下抜けることなく反発して、再び価格が上昇する

③買いシグナル3
　移動平均線が上向きのとき（※重要）に、価格がいったん下落し移動平均線を下回るものの、再び上昇して移動平均線を下から上に突き抜ける

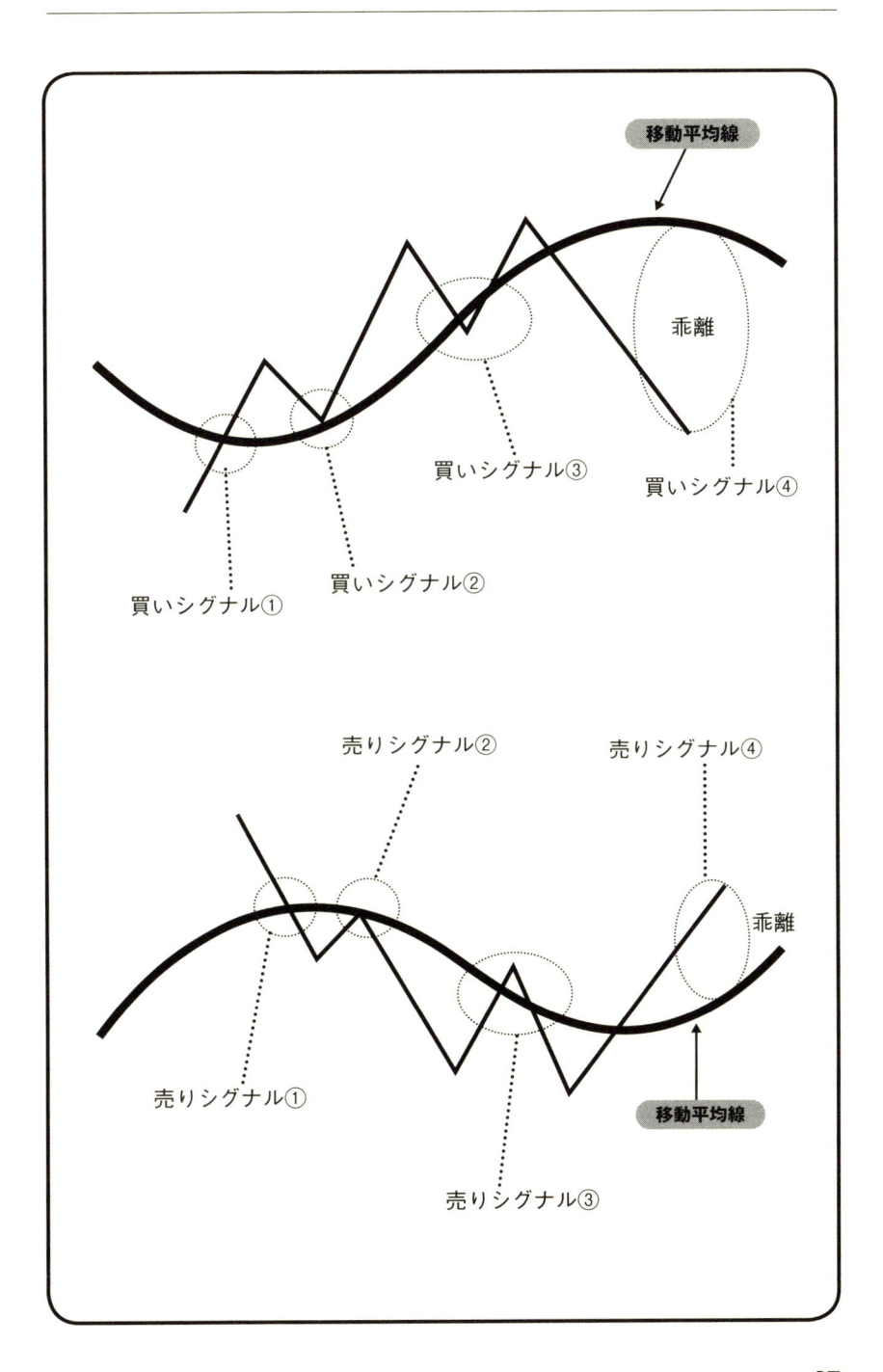

移動平均線

乖離

買いシグナル③

買いシグナル④

買いシグナル①

買いシグナル②

売りシグナル②

売りシグナル④

乖離

売りシグナル①

移動平均線

売りシグナル③

④買いシグナル４

価格が移動平均線の下のほうに大きく乖離する

２）売りシグナル

売りシグナルも、次の４つの条件で判断されます。

①売りシグナル１

上昇していた移動平均線が横ばい、または下向きに転じたとき（※重要）に、価格が移動平均線を上から下に抜ける

②売りシグナル２

移動平均線が下向きのとき（※重要）に、価格がいったん上昇するものの、移動平均線の手前で反発し、再び下落する

③売りシグナル３

移動平均線が下向きのとき（※重要）に、価格がいったん大きく上昇し移動平均線を上抜けるものの、再び下降して移動平均線を上から下へ突き抜ける

④売りシグナル４

価格が移動平均線の上のほうに大きく乖離する

3）移動平均線の計算式

　移動平均の値の算出方法は以下の通りです。

　例えば、直近25日間の終値を合計し、25で割った値が25日平均値です。この数字をチャート上でつないで描かれる線が移動平均線となります。

【計算式：「n 期間の移動平均値の算出方法】

移動平均値（n）
= {価格（0）＋価格（1）＋……＋価格（n-1）} / n
※n：対象期間、価格（0）：直近価格の終値

　ここで一点、補足しておきます。チャート上に移動平均値をプロットする（観測値などを描き入れる）位置について、例えば25日移動平均線であれば、一般的には過去25日間の平均値を現在日時の位置に置きます。こうすることで、「過去25日間で買った人（売った人）が、平均してどのくらいの損益になっているか」がパッと見て認識できるからです。

　先ほど紹介したグランビルの法則で言えば、価格が移動平均線を下から上に抜けたタイミングをゴールデンクロスと呼んで、買いタイミングとするルールがあります。これは、買い手のポジションが含み損から含み益に変わったタイミングになります。含み益に変わった人が多くなれば、「どこまで含み益が増えるだろう」「もっと買い増しておくかな」など、強気な心理状態となります。これが、さらに価格は上昇するという理屈になるのです。

もちろん、「含み損が含み益に"変わった"タイミングではなく、"変わりそう"というタイミングで強気の心理状態になるのでは？」と考えて、移動平均値を現在日時よりも前の位置にプロットすることも、チャートの設定次第では可能です。一般的な現在日時の位置に移動平均値を置いて判断するのがよいのか、少しずらしたほうがよいのかについては、第5章であらためて触れていきます。

4）移動平均線の対象期間

　移動平均の計算で使われる移動平均線の対象期間については、基本的に対象期間が短い移動平均線ほど、相場の変化に対する追随性が高い一方、ダマシのような動きになることも多くなる特性があります。

対象期間	長　　所	短　　所
短　期	価格変化に対する反応が早い	ダマシの動きが多い
長　期	ダマシの動きが減る	価格変化に対する反応が遅い

　それに対して、対象期間が長い移動平均線ほど、ダマシのような動きは少なくなり、大きなトレンドは把握しやすくなりますが、相場の変化に対して反応が遅くなる特性があります。

　移動平均線の対象期間については、人それぞれに、さまざまな数値を用いているため、「どれが良いのか？」と疑問に思う方はとても多いです。しかも、チャートツールを提供している各社によっても初期設定値が統一されているわけではないので、混乱を加速させてしまう原因になっているのです。

　移動平均線を含め、テクニカル分析でやるべきことが「最適な売買タイミングを計ることにある」と考えるならば、最も多くの人が「買

いだ！（売りだ！）」と思ったときの波に乗ることができるとよい、という話になります。したがって、"最も汎用的な（と思われる）対象期間で算出すること"が重要になります。

　移動平均線を用いたテクニカル分析は、株トレードで元々使われていたものをFXでも使っていた影響からか、15年ほど前には対象期間の初期値（汎用的な対象期間）が「25」となっている場合が多くありました。

　「25」が用いられていたのは、株トレードにおいて"最も汎用的な（と思われる）対象期間"として、以下の時間足との関係が一般的だったからでしょう。

時間足	対象期間
日足	25日、75日、200日
週足	13週、26週、52週
月足	12カ月、24カ月、60カ月

　しかしその後、FXのチャートツールで移動平均線の初期値として多く用いられている数値は変わり、今では「20」期間がよく見られるようになっています。

　FXでは日足よりも短い時間足を使う人が多いことから、「25」では反応が遅いと思う人が多くなり、より短い「20」期間で見る人が多くなったものと私は考えています。

コラム3　移動平均線の「移動」と「平均」と「線」について

　ここからは、移動平均線という言葉について、分解して説明します。

　順番は前後しますが、まず「平均」についてです。これは、ある期間の平均を出したものです。想定する期間に応じて「値（平均値）」は変わります。

　例えば、5日移動平均線というものであれば、先述したように「（当日を含む）5日間の平均値」を算出することになります。これが10日移動平均線であれば「（当日を含む）10日間の平均値」となり、20日移動平均線であれば「（当日を含む）20日間の平均値」となります。

　次に「移動」についてです。

　移動平均線では、その日（当日）を含めた過去何日間の価格を毎日計算します。平均値が移動していくところから「移動平均」と呼ばれるわけです。

　どういうことか。5日移動平均線を例に出して、もう少し詳しく説明しましょう。例えば、過去5日間が次のようなレート（値段）だったとします。

4日前	3日前	2日前	1日前	当日
100	101	102	103	104

このときの５日間の平均は次の式で求められます。

$$（100＋101＋102＋103＋104）÷5＝102$$

その後、１日経過して次のようなレートになったとします。

5日前	4日前	3日前	2日前	1日前	当日
100	101	102	103	104	95

　このとき、当日を含む５日間を対象にするため、計算式は次のようになります。

$$（101＋102＋103＋104＋95）÷5＝101$$

もう一度だけ、その翌日の例を出します。

6日前	5日前	4日前	3日前	2日前	1日前	当日
100	101	102	103	104	95	116

　このときも、当日を含む５日間が対象となるため、計算式は次のようになります。

$$（102＋103＋104＋95＋116）÷5＝104$$

このように、１日経過するごとに平均を計算し直すため、結

果的に平均値が「動く」ことになります。この「動き」が移動平均線の「移動」にあたります。

　最後に、移動平均線の「線」についても説明します。もうお気づきのように、移動平均線の「線」とは、それぞれの平均値（先ほどの例で言えば、102と101と104）を結ぶ「線」を指します。

　なお、この移動平均線、自分で計算して描く必要はありません。メタトレーダー４やFX会社（証券会社）の取引ツールなどでは、自身で期間や種類を設定するだけで、普通は自動で表示されるような仕様になっています。

～第2節～
移動平均線の主な種類について知る

　移動平均線は、大きく、以下の3種類に分かれます。このうち、単純移動平均線（SMA）と指数平滑移動平均線（EMA）がよく使われる傾向にあります。それぞれの特徴を踏まえて、個人の好みで使い分けていただければと思います。

　本節では、基礎知識として、各移動平均線の概要を伝えておきます。

1）単純移動平均線（SMA：Simple Moving Average）

　単純移動平均線は、その名の通り、過去何日間から当日までの「終値の平均値」を描画したものです。詳しくは42ページで紹介した通りです。

　この線が上向きであれば、平均値が高くなってきているということになるので「今は上昇トレンド中」、逆に下向きであれば、平均値が低くなってきているということになるので「今は下降トレンド中」という判断になります。

2）指数平滑移動平均線（EMA：Exponential Moving Average）

　単純移動平均線のデメリットとして、「遅行性」が挙げられます

（※詳しくは「コラム４：移動平均線（SMA）の遅行性」参照）。指数平滑移動平均線（以降、EMA）は、直近の価格に"より大きな比重"をかけることによって、単純移動平均線の持つ遅行性を解消しようという目的で生まれたものです。

　単純移動平均線では、すべてのデータポイント（※日付など）を同じように扱いますが、例えば、現在の価格に対して「100日前の価格」と「昨日の価格」がまったく同じ意味を持つかと問われたら、多くの方が疑問を抱くことでしょう。冷静に考えてみると、現在の価格により大きな影響を与えるのは、より新しいデータポイントであるはずです。その点を考慮して、先述したように、EMAでは直近の終値に強く比重を掛けて平均値を計算しているのです。

　このような設定にすることで価格の変化に対する反応が迅速になるため、トレンドの変化を早期に捉えることが可能になります。

３）加重移動平均線（WMA：Weighted Moving Average）

　加重移動平均線は、直近のデータになるほど重要度が増すように各データポイントに異なる重みを付けた移動平均線です。例えば、25日間の加重移動平均線の場合、直近価格を25倍にし、古くなるに従って倍率を減らし、最も古い25日前の価格は１倍として、平均価格を出しています。これは、単純移動平均線（SMA）がすべてのデータポイントを均等に扱うのとは対照的です。

　このように、直近の価格ほど重みをかけているため、単純移動平均線よりも直近価格の変動への感応度が高くなります。

コラム4　単純移動平均線（SMA）の遅行性

　単純移動平均線（SMA）は、価格動向の分析やトレンドの確認に広く用いられますが、いくつかの限界があります。そのひとつが「遅行性」です。

　移動平均線には、「均す」という性質上、価格を後追いする性質があります。それは、長期線であろうと短期線であろうと、データが過去のものである限り、どのような移動平均線を用いても避けられないものなのです。

1）遅行性とは何か

　遅行性とは、価格の変化に対する反応が遅れてしまう特性を指します。SMAは過去のデータを参考に計算されるため、新しい価格情報が反映されるまでに時間がかかります。この遅れによって、次のような問題が生じることがあります。

①トレンド判定が遅くなる

　SMAは過去の価格データを平均化しているため、新しいトレンドの開始や終了を認識するのに時間がかかります。結果として、すでにトレンドが始まっているにもかかわらずポジションを取ることができない（あるいは、すでにトレンドが終わっているのに決済できない）など、利益最大化の機会を逃すことにつながります。これが「ゴールデンクロスやデッドクロスが使えない」と言われてしまう理由です。

②反転シグナルの遅延

トレンドの反転を示すシグナルも遅れて出ます。例えば、上昇トレンドから下降トレンドに変わるとき、すでにトレンドが変わっているにもかかわらず、SMAの反転は遅れて表示されてしまうため、売りポジションを早期に取ることが難しくなります。

2）SMAの遅行性の原因

SMAの遅行性の主な原因は、すべてのデータポイントに同等の重みを与えることにあります。例えば、10日間のSMAでは、「10日前の価格」と「昨日の価格」が同じ重みを持ちます。このことによって、最新の価格変動が平均値に影響を与えるまでに時間がかかるため、遅れが生じてしまうのです。

3）遅行性の対策

遅行性を補うための方法として、以下のものがあります。

①EMAの活用

先述しているように、EMAは最新のデータに"より大きな重み"を与えるため、SMAに比べて価格変動に対する反応が早くなります。EMAを使用することで、遅行性を軽減することができます。

②複数の移動平均線を組み合わせて使う

　例えば、短期間のSMAと長期間のSMAを組み合わせて使用することで、遅行性を補いながらトレンドの確認を行うことができます。具体的には、短期SMAが長期SMAを上抜けるなどを利用してトレンドの開始を確認する方法があります。

③MACD（移動平均収束拡散法）の活用

　MACDはオシレーター指標としても使える一面を持っていますが、元々は期間の異なる2本の移動平均線（EMA）を使用した指標で、その価格差に注目することでトレンドの方向性を把握する目的で使用します。①で紹介した「EMAの活用」の応用のひとつと考えてよいでしょう。

③他のテクニカル指標の併用

　RSI（相対力指数）など、他のテクニカル指標を併用することで、遅行性の影響を軽減し、トレンドの変化をより早期に捉えることができます。

4）まとめ

　SMAはシンプルで理解しやすい移動平均線ですが、その遅行性により、新しいトレンドの発見や反転シグナルの捕捉が遅れることがあります。この特性を理解したうえで、EMAや他のテクニカル指標と併用することで、より効果的なトレンド分析が可能となります。

～第３節～
環境認識としての移動平均線を学ぶ

　本章の第１節で「移動平均線＝相場のトレンドの方向性（全体の流れ）を見るために使われる指標」という話を紹介しました。これは、少し難しい言葉で言うと「環境認識」というものになります。

　以下のチャートを見てください。このように、明確に上がっている（下がっている）ことがわかるときは、移動平均線がなくても全体の流れが把握できると思います。

◆素のチャート　その1

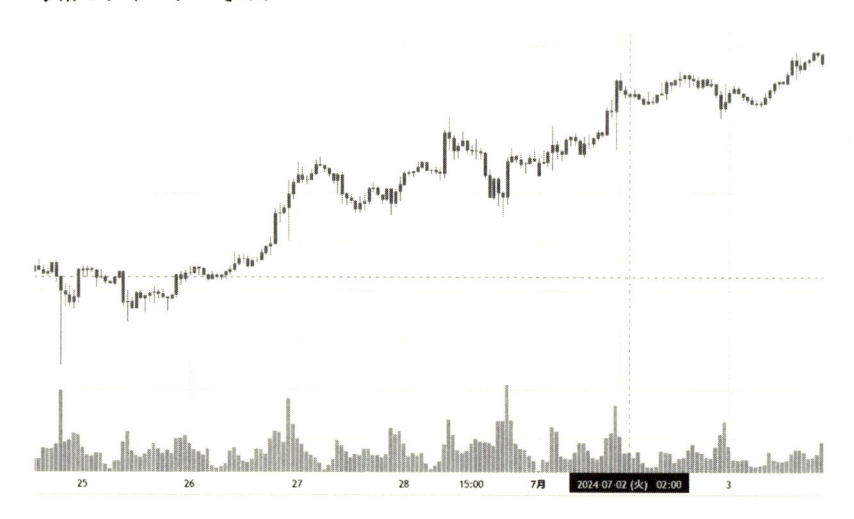

では、次のチャートを見てください。これだけを見て、「今が上昇トレンドなのか、それとも、下降トレンドなのか」が明確にわかるでしょうか？　こういうときに移動平均線が表示されていると「今の全体像がどうなっているか」を理解することができるのです。

◆素のチャート　その2

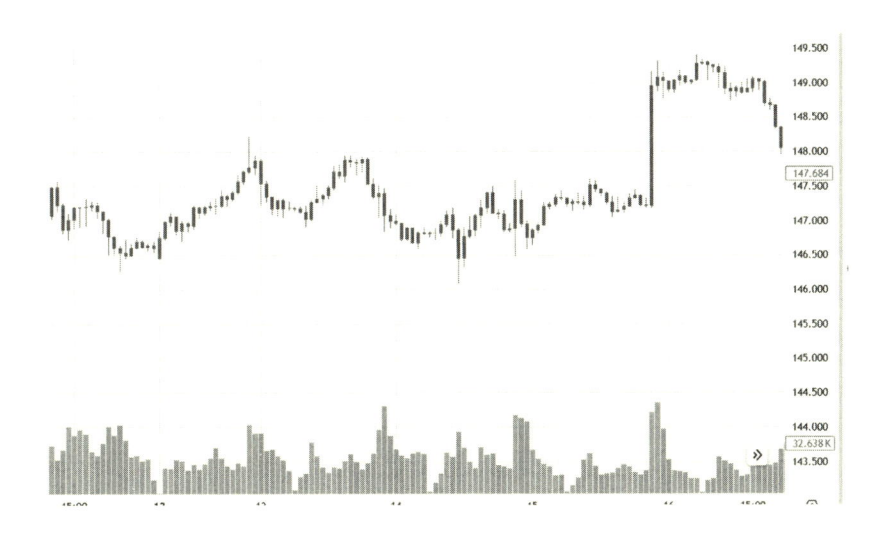

次のチャートは、移動平均線（20MA）を1本表示させたものです。「平均」という観点で現状を見ると、ゆるやかに上昇に転じていることがわかります。「素のチャート」のときよりも全体像がつかみやすくなったと思います。

◆移動平均線を1本追加

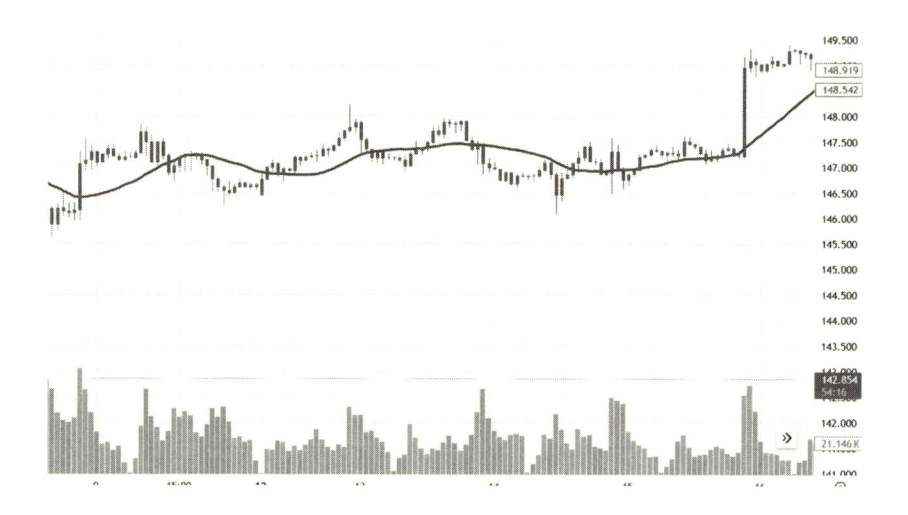

ただ、移動平均線を1本追加しても、買いが優勢なのか、売りが優勢なのか、正直、わかりにくいところがあります。

　そこで、移動平均線をもう1本追加してみます。次のチャートには、20MAと75MAを表示しています。

◆移動平均線を2本追加

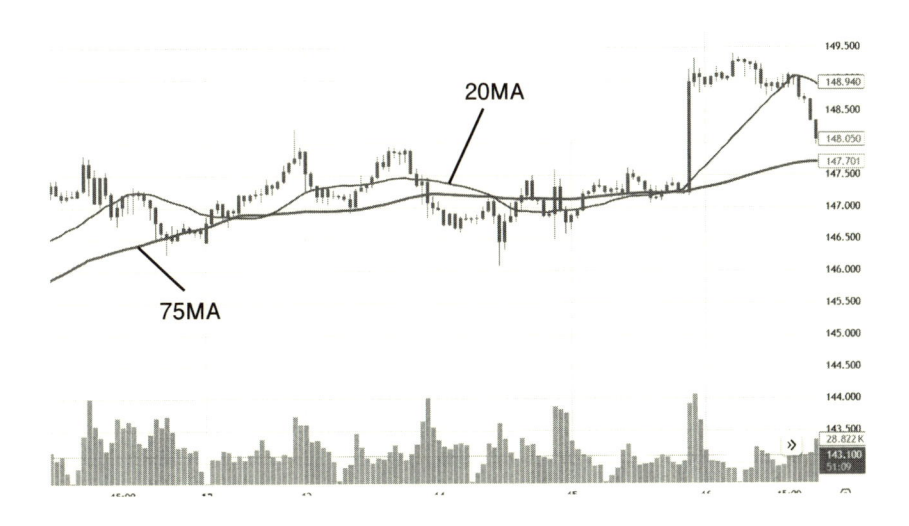

短期の移動平均線が長期の移動平均線を上へ抜けることをゴールデンクロス（買いサイン）と言います。そこから転じて短期の移動平均線が長期の移動平均線の上側にいるときは買い目線という考えが一般的になっています。

　逆に、短期の移動平均線が長期の移動平均線を下へ抜けることをデッドクロス（売りサイン）と言います。先ほどと同じように、短期の移動平均線が長期の移動平均線の下側にいるときは売り目線という考え方が一般的になっています。

　その意識で前ページの例を見てみると、全体としてはもちろんレンジですが、買い目線寄りのレンジであるとわかります。

　このように、移動平均線を複数本加えていくと、現在の流れがわかりやすくなります。ここでは、移動平均線を2本表示させたところまでに話を留めておきますが、今は、移動平均線を3本表示させたパターンや、7本表示させたもの（GMMA）などもあります。

～第４節～
「移動平均線を利用した手法」を学ぶ

　移動平均線は環境認識のツールとして使える一方で、買いサインや売りサインを教えてくれるツールでもあります。

　本書では、奇をてらったものではなく、トレンドフォロー戦略［※相場の流れに乗って売買すること。上昇トレンド（上昇基調）であれば買い、下落トレンド（下落基調）であれば売りを仕掛ける］として多くのトレーダーに愛されている分析手法を紹介＆検証していきます。具体的には、以下になります。なお、売買ルール（売買条件）については第４章にてあらためて解説しているため、ここでは売買ルールの概要に絞って紹介します。

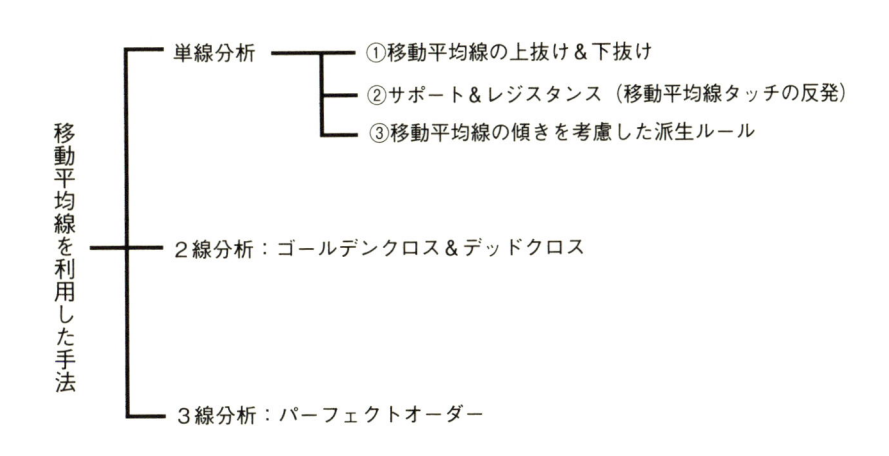

1） 単線分析 （3種類）

単線分析とは、移動平均線1本とローソク足（価格）との関係を使った手法です。**上抜け**と**下抜け**という2つのやり方があります。

①移動平均線の上抜け＆下抜け
エントリールールと決済ルールは以下の通りです。

【エントリールール】
移動平均線をローソク足が上抜けしたことが確定したら、その次のローソク足の始値で買いエントリー、下抜けしたことが確定したら、その次のローソク足の始値で売りエントリーという売買ルールです。

買いサインとしての意味合いは、ほぼ水平の移動平均線を上抜けるよりも、上向き移動平均線を上抜けたほうが強くなります。

売りサインとしての意味合いは、ほぼ水平の移動平均線を下抜けることよりも、下向き移動平均線を下抜けたほうが強くなります。

【決済ルール】
買いエントリーのときの決済は、移動平均線をローソク足が下抜いたことが確定したとき（※厳密には、確定した次のローソク足の始値で決済）。

売りエントリーのときの決済は、移動平均線をローソク足が上抜いたことが確定したとき（※厳密には、確定した次のローソク足の始値で決済）。

◆単線分析　上抜け

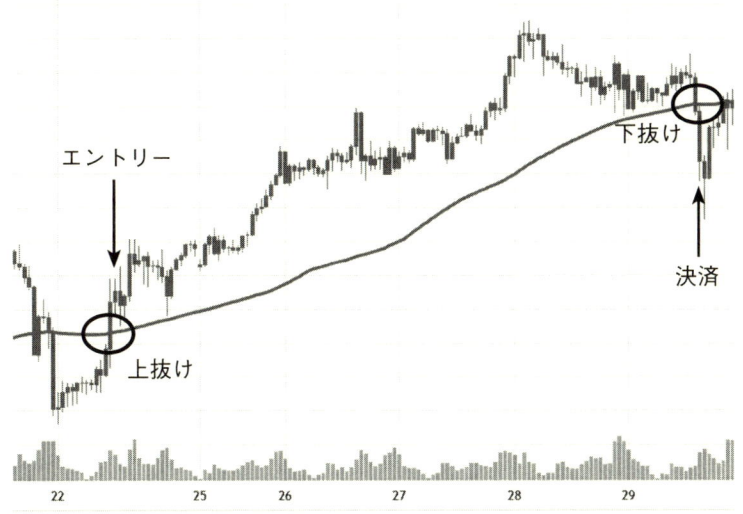

◆単線分析　下抜け

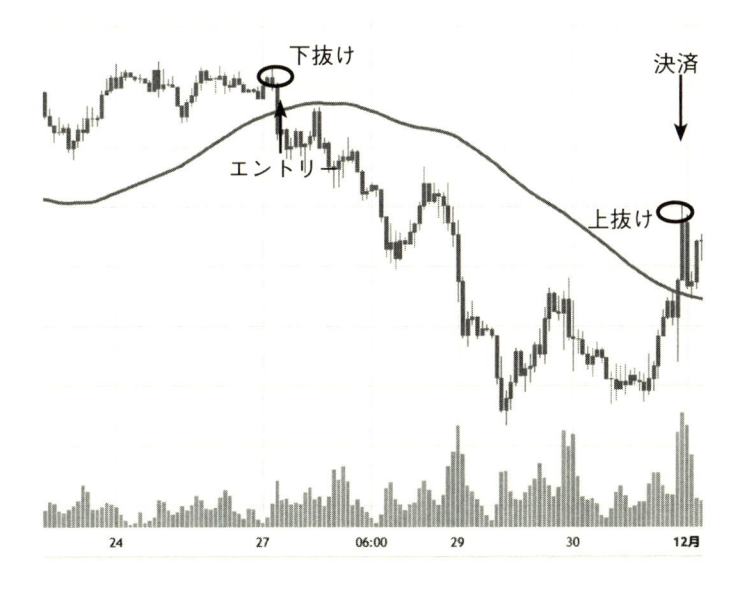

②移動平均線タッチの反発（サポート＆レジスタンス）
　エントリールールと決済ルールは以下の通りです。

【エントリールール】
　「上昇していたローソク足が下がってきて、移動平均線にぶつかった後、上方向への反発（跳ね返り）が確定したら、次の足の始値で買う」、もしくは「下降していたローソク足が上昇してきて、移動平均線にぶつかった後、下方向への反発（跳ね返り）が確定したら次の足の始値で売る」というルールです。
　上位足（※今見ている時間軸よりも長い時間軸のこと。例えば、今見ている時間軸が1時間足であれば、4時間足や日足が上位足となります）が上昇トレンドのときに、移動平均線で上方向に反発するときのほうが、買いサインとしての意味合いは強くなります。
　上位足が下降トレンドのときに、移動平均線で下方向に反発するときのほうが、売りサインとしての意味合いは強くなります。

【決済ルール】
　買いエントリーのときの決済は、移動平均線をローソク足が下抜いたことが確定したとき（※厳密には、確定した次のローソク足の始値で決済）。
　売りエントリーのときの決済は、移動平均線をローソク足が上抜いたことが確定したとき（※厳密には、確定した次のローソク足の始値で決済）。

◆単線分析　反発して上昇

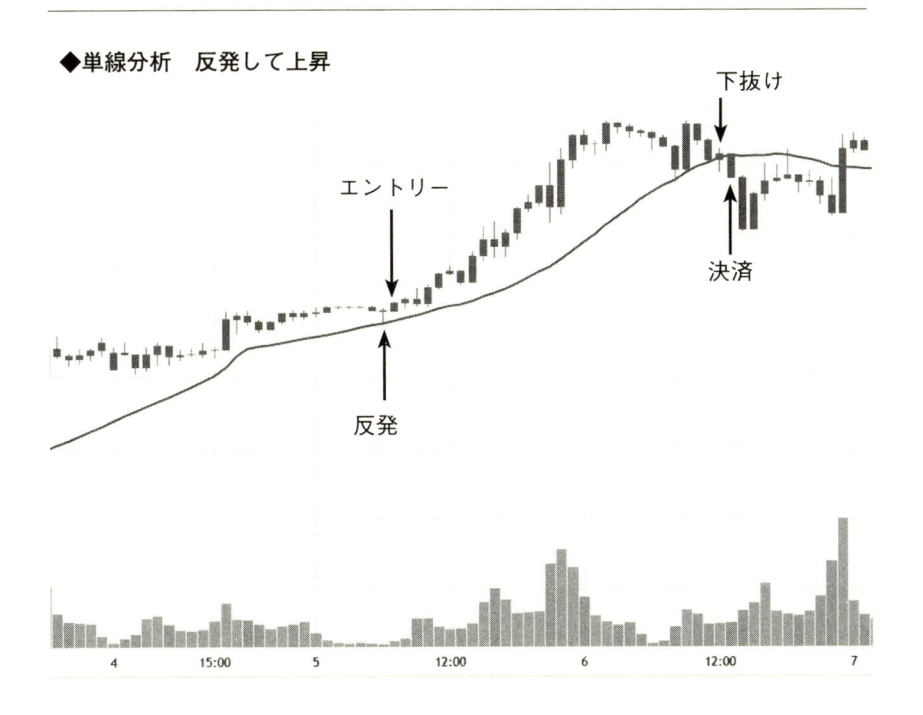

◆単線分析　反発して下降

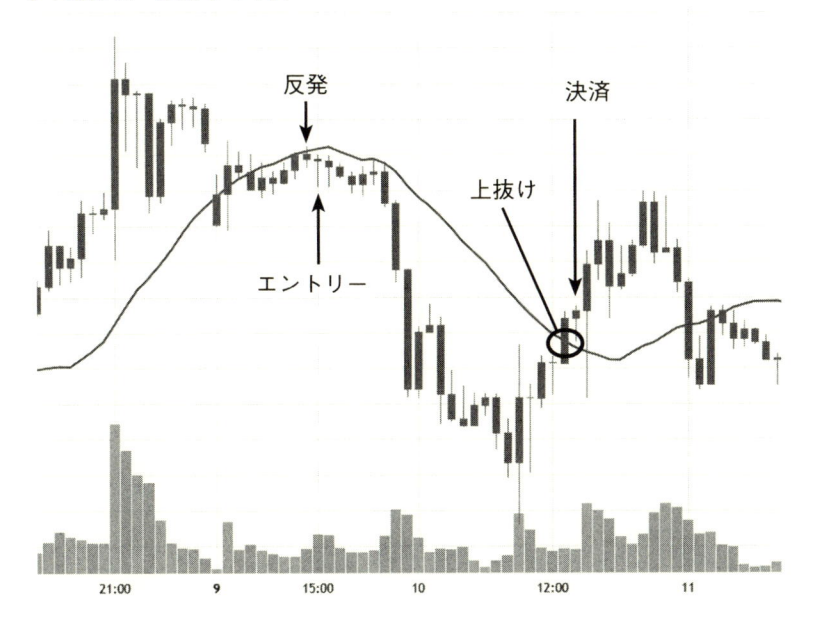

③移動平均線の傾きを考慮した派生ルール

　以下のように、2パターンを紹介します。

その1：上向き移動平均線＆高値超え

　エントリールールと決済ルールは以下の通りです。

【エントリールール】

　上昇トレンド中（移動平均線が上向き）に直近高値超えを確認したら、次の足の始値で買うルールです。

【決済ルール】

　移動平均線を下回ったら決済します（※厳密には、確定した次のローソク足の始値で決済）。

その2：下向き移動平均線＆安値割れ

　エントリールールと決済ルールは以下の通りです。

【エントリールール】

　下降トレンド中（移動平均線が下向き）に直近安値割れを確認したら、次の足の始値で売るルールです。

【決済ルール】

　移動平均線を上回ったら決済します（※厳密には、確定した次のローソク足の始値で決済）。

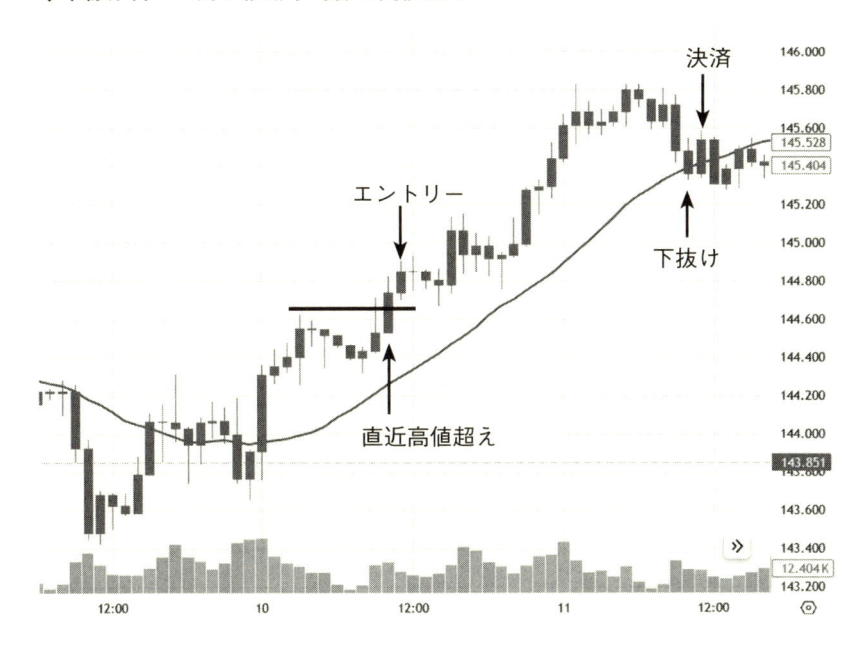

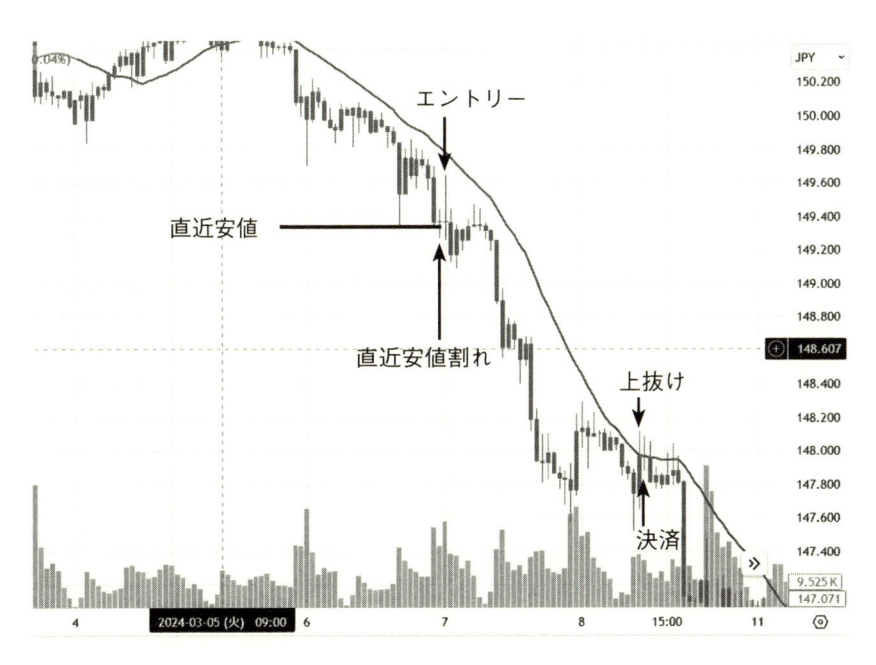

2）2線分析：ゴールデンクロス＆デッドクロス

　2線分析とは、移動平均線2本（※短期と長期）とローソク足（価格）との関係を使った手法です（次ページ参照）。

【エントリールール】

　短期の移動平均線が長期の移動平均線を上抜けたこと（＝ゴールデンクロス）が確定したら、次のローソク足の始値で買い、短期の移動平均線が長期の移動平均線を下抜けたこと（＝デッドクロス）が確定したら、次のローソク足の始値で売るルールです。

　上向きの長期の移動平均線を短期の移動平均線が上抜く場合、買いサインの意味合いは強くなります。

　また、下向きの長期の移動平均線を短期の移動平均線が下抜く場合、売りサインの意味合いは強くなります。

【決済ルール】

　買いエントリーのときの決済は、短期の移動平均線が長期の移動平均線を下抜けたこと（＝デッドクロス）が確定したとき（※厳密には、確定した次のローソク足の始値で決済）。

　売りエントリーのときの決済は、短期の移動平均線が長期の移動平均線を上抜けたこと（＝ゴールデンクロス）が確定したとき（※厳密には、確定した次のローソク足の始値で決済）。

◆2線分析　買い（ゴールデンクロス）

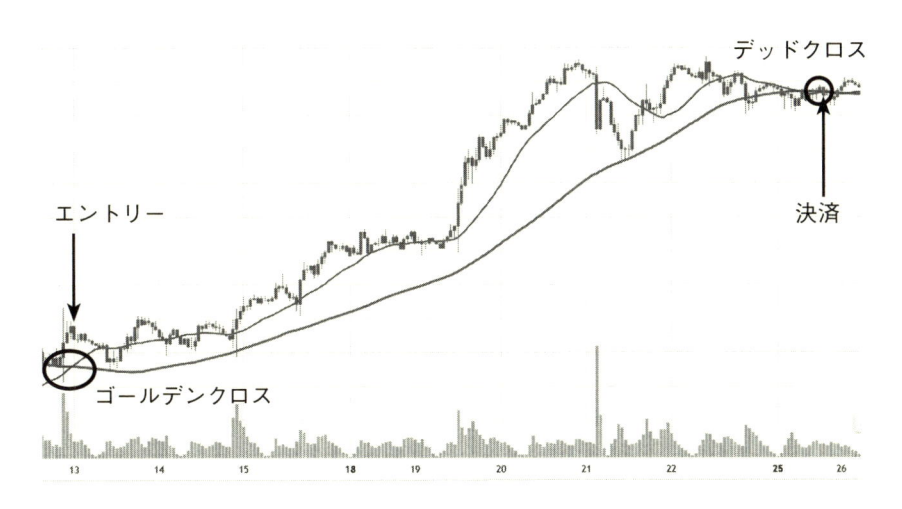

◆2線分析　売り（デッドクロス）

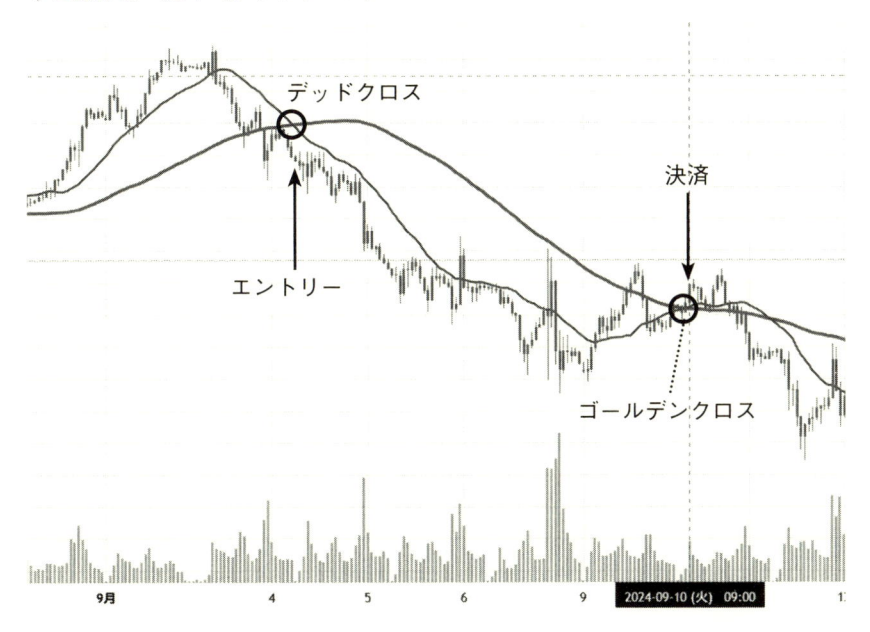

63

3）3線分析：パーフェクトオーダー

　3線分析とは、移動平均線3本（※短期と中期と長期）とローソク足（価格）との位置関係を使った手法です（次ページ参照）。

【エントリールール】

　移動平均線の並びが下から「長期」「中期」「短期」の順になったら買いエントリー。移動平均線の並びが上から「長期」「中期」「短期」の順になったら売りエントリーというルールです。

【決済ルール】

　買いエントリーのときの決済は、短期の移動平均線が中期の移動平均線を下抜けたことが確定したとき（※厳密には、確定した次のローソク足の始値で決済）。

　売りエントリーのときの決済は、短期の移動平均線が中期の移動平均線を上抜けたことが確定したとき（※厳密には、確定した次のローソク足の始値で決済）。

◆3線分析 買い

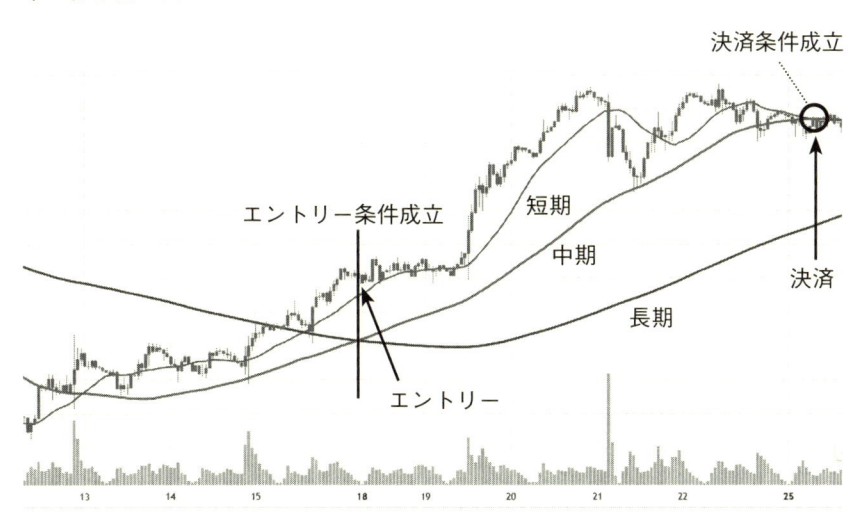

エントリー条件成立

短期

中期

長期

決済条件成立

決済

エントリー

13　14　15　18　19　20　21　22　25

◆3線分析 売り

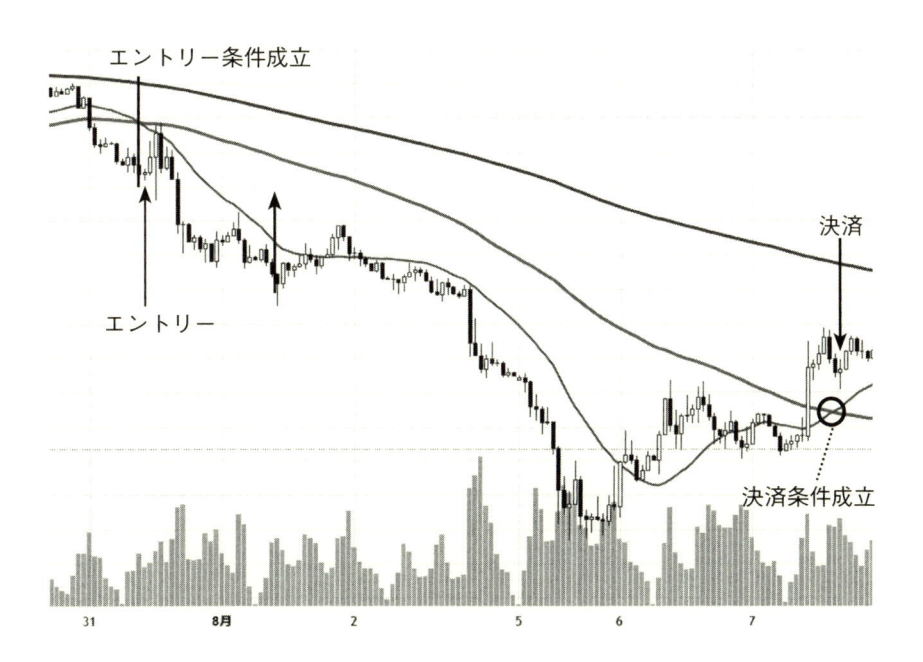

エントリー条件成立

決済

エントリー

決済条件成立

31　8月　2　5　6　7

コラム5　移動平均線を使った「その他の分析手法」

①裁量による2線分析の派生形

　単線分析で「その1：上向き移動平均線＆高値超え」といういうルールを紹介しました。同じようなやり方は、裁量になりますが、2線分析を用いたものでも可能です（※例えば、高値を超えたタイミングで、ゴールデンクロスやデッドクロスの発生をどのくらい過去まで遡って確認するか等は感覚的にはわかるものの数字で表現すると難しい、つまり裁量要素が強くなります。このような裁量が複雑に考えられるため、本文からは割愛しました）。

　具体的には、ゴールデンクロスが発生したとき、ひとつ前のローソク足の高値を超えたら、次のローソク足でエントリーするというものです（売りの場合は逆です。デッドクロスが発生したときにひとつ前のローソク足の安値を割ったら、次のローソク足でエントリーします）。

　決済は、一例として挙げると、買いの場合であれば、ひとつ前のローソク足の安値を下回ったときです（売りの場合は、ひとつ前のローソク足の高値を上回ったときです）。エントリーと決済のチャートは次ページ上段に載せています。

　余談ですが、この手法では、高値超えや安値割れなどを待ち伏せるため「逆指値注文（買いの場合でいうと、安値になったら買うという注文方法ではなく、高値を超えたら買うという注文方法）」を使うとやりやすいです。

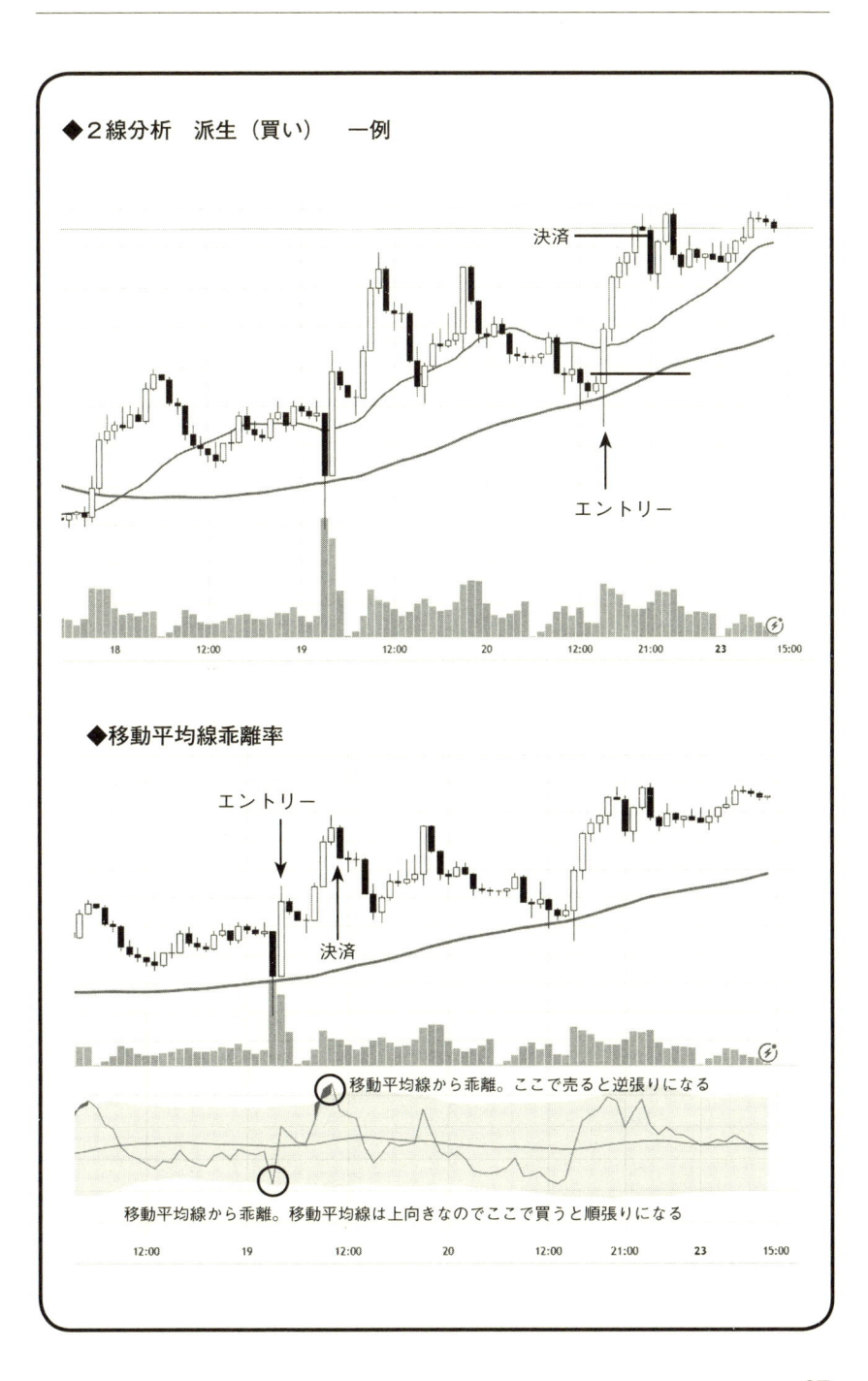

◆２線分析　派生（買い）　一例

決済

エントリー

18　12:00　19　12:00　20　12:00　21:00　**23**　15:00

◆移動平均線乖離率

エントリー

決済

移動平均線から乖離。ここで売ると逆張りになる

移動平均線から乖離。移動平均線は上向きなのでここで買うと順張りになる

12:00　19　12:00　20　12:00　21:00　**23**　15:00

②移動平均線乖離率を使ったもの

　ここで紹介する手法は、移動平均線の"異常値"に注目したものです。

　平均から大きく乖離したものには「平均に回帰する」という性質があります。それを利用して、逆張りを仕掛ける方法です［※今回は移動平均線を主題としていて、こうした乖離やボリンジャーバンドなどのような帯状（バンド状）の指標を活用した検証についてはあらためて別の機会にまとめたいと考えたため、本書からは省きました］。

　例えば、平均値よりもかなり高い価格になったときには、平均に回帰するという考えのもと、売りを仕掛けます（エントリーと決済のチャートは前ページ下段）。インジケーターとしては、「移動平均線乖離率」というものを使うとよいでしょう。

　以上のように、移動平均線を使った手法は、いろいろと考えられています。移動平均線はシンプルですが、それ故に、投資アイデアとして、汎用できるものでもあります。読者の皆さんにも、いろいろ試していただければと思います。

コラム6　「要素」を変えた移動平均線の応用

　移動平均線は、ｎ期間の「終値（Close）ベース」で設定されていることが一般的ですが、メタトレーダー４などでは、「ｎ期間の高値（High）」の移動平均線や「ｎ期間の安値（Low）」の移動平均線を表示させることもできます。

　実際に、ｎ期間の高値と安値を表示させたものが次ページのチャートです、ローソク足を筒状に包んでいる様子がわかります（ローソク足を包むようにしたい場合は、ｎを「２」など、短めに設定するとよいです）。

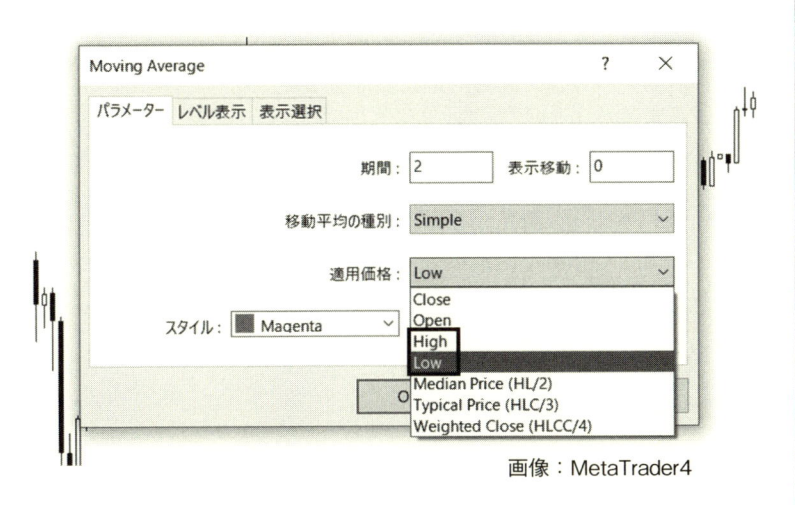

画像：MetaTrader4

【表示方法】

Moving Average（移動平均線）→ High → 高値のライン

Moving Average（移動平均線）→ Low → 安値のライン

応用としては、30分足以上の時間軸で、長めの移動平均線（75MAなど）を１本表示させて、この長めの移動平均線が上向いている（≒長めの移動平均線の上側にローソク足がある）ときは買い優勢だから「安値のラインにタッチして反発し始めたら押し目と判断して買いエントリーし、高値のラインにタッチしたら決済」などが考えられます。ただし、このやり方はスキャルピング的な要素が強くなることには注意してください。

　このように、設定の仕方によっては、移動平均線の使い道はいろいろ考えられます。

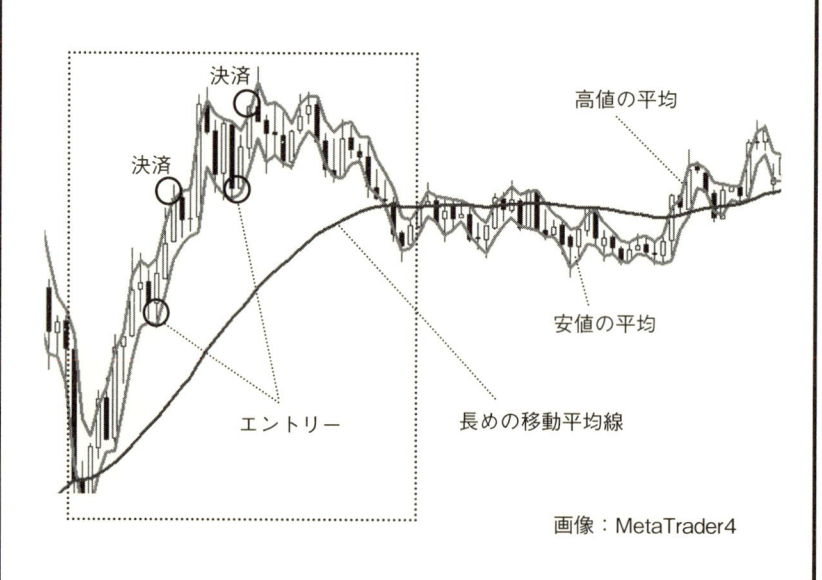

画像：MetaTrader4

長めの移動平均線（75MAなど）が上向いているところは上昇トレンド中と見なして、安値の移動平均線にタッチしてから反発したらエントリー（押し目買い）、高値の移動平均線にタッチしたら決済、長めの移動平均線を割ったら損切りなど（あくまでも一例です）

第3章

知らないと勝てない「前提知識」について学ぶ

トレードで勝つということの意味を知っていますか？

「トレードで勝つとは？」と聞かれたら、あなたはどう答えますか？

例えば「トレードで勝つ」ということを「勝率100％」とか、「予想を的中させること」と考えている人は、（潜在的な思いも含めて）意外と多くいます。でも、これらはすべて間違いです。

そもそも相場というものは、人が動かしています。そして、人には「欲」があります。この欲が絡むと、人は時に非合理な考えや行動を選択することがあります。例えば、トレードでは「安値で買って、高値で売る」からお金が増えることは誰しも納得していることなのに、「高値で買って、安値で売る（高値づかみをして、損切りになる）」人が実際には多くいます。

2020年7月、OANDA証券が口座資産評価額が前月比で増加しているアカウントを調査した結果、36％程度が増加となっていたそうです。つまりFXで1カ月の間に資産を増やせるトレーダー（＝安値で買って、高値で売れる人）は、全体の3分の1程度しかいないということです。

このように、人の欲が大きく関与しているからこそ、相場という世界では、ときに非合理的な動きが混ざってしまうのです。

仮に、ある著名な経済評論家が「次の指標発表が良い数字になりそうだから相場は上がるだろう」と情報発信していたとすれば、「上がるならば指標発表前に買っておこう」と思う人が多数派になる、つまり指標発表後には売り抜けようとする人が多数派になるので、発表後の相場は下がります。

　逆に、指標発表が良い数字だったとして、「やっぱり良い数字だったから、買い増そう」と思う人が多数派になれば相場は上がります。つまり、どうなるかは事前にはわからないわけですから「未来を予言して、相場予想を的中させることはできない」と思ったほうが賢明なのです。

　100%の予想的中ができないのであれば、勝率100%も不可能となります。もちろん、「1週間で○○万円稼いだ、勝率100%のトレードルール！」のように、短期的に切り出す条件ならば、勝率100%もあり得るでしょう。こう言うと「（それならば）このルールを使って、1週間限定で全資金を投入して倍増させよう」と考える人も出てくるかもしれません。しかし、1週間、実際に取引してみたとしても、非合理な相場の動きが一度も発生しないという保証はないのです。

　では、「相場予想をしても無意味なのだとしたら、トレードで勝つには運しかないのか」というと、そうではありません。

　そもそも「トレードで勝つとは？」の答えとは、シンプルに「資金が増え続けること」を指します。これは、勝率が100%でなくても論理的に実現可能です。事実、損切りを受け入れながらも勝ち続けているトレーダーは、いつの時代にも必ず一定数存在します。

　ここで、「勝率100%ではなくても資金が増える」ことについて、もう少し詳細に説明します。例えば、10万円を持っているとします。仮に、－3万円の損失を2回連続で出したとしても、3回目のトレー

ドで＋９万円の利益を出せれば、資金としては13万円になります（３万円のプラスになります）。つまり、損小利大になるトレードをすればよいのです。このような平均損失と平均利益の比率を損益率（ペイオフレシオ）と言います。先の例だとペイオフレシオは３（９：３＝３：１から）となります（ペイオフレシオについては次ページ上段参照）。

このように考えると、勝率が３割程度でも資金を増やすことは、理論上は可能ですが、実際に資金が増えるかどうかは、勝率とペイオフレシオのバランス次第となってきます。当然ながら、いくらペイオフレシオが大きい数字だとしても、勝率があまりにも低すぎれば、利益確定可能なトレードに出合う前に資金が尽きて退場させられることもあり得ます。あくまでもバランスが重要なのです。

この関係性をわかりやすく示した図として、バルサラの破産確率というものがあります（次ページ下段）。

例えば、勝率が40％のトレードルールがあったとします。仮にこのルールを使って、損益率が「３」になるトレードを続けると、破産してしまう確率はわずか1.5％になる、といった見方です。端的にこの表を表現すると、勝率が高いほど、また損益率が上がるほど、破産するリスクは下がることになります。

トレードで破産してしまう人によく見られる特徴は、勝率の低さではなく、損益率の低さです。「過剰なレバレッジを掛けるなど、いわゆるオーバーサイズのポジションを持つことでルールを無視した行動をとるようになった結果、平均利益よりも平均損失が大きく膨らむことで損益率が低くなってしまい、最終的に退場させられてしまう」というパターンはとても多いです。勝率60％のルールを使っていても、損益率が0.6であれば６割を超える確率で破産することになるのです。

◆ペイオフレシオ

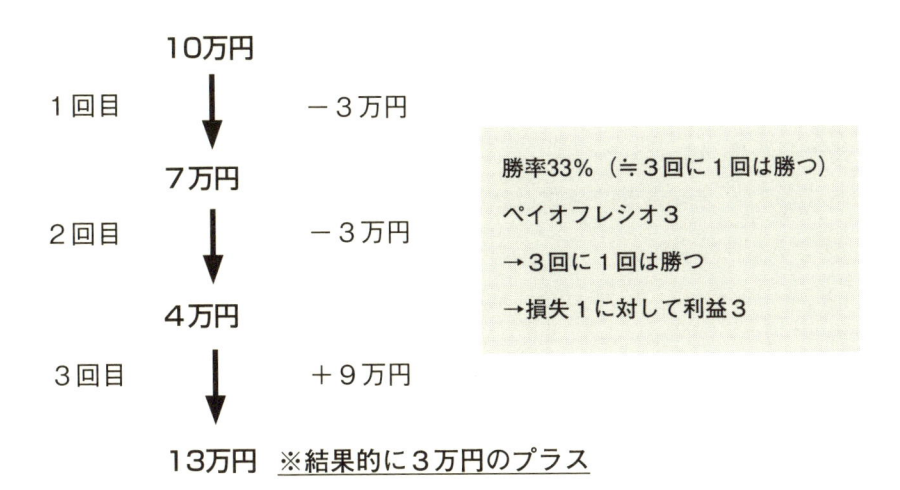

10万円

1回目　→　−3万円

7万円

2回目　→　−3万円

4万円

3回目　→　＋9万円

13万円　※結果的に3万円のプラス

勝率33%（≒3回に1回は勝つ）

ペイオフレシオ3

→3回に1回は勝つ

→損失1に対して利益3

◆バルサラの破産確率

バルサラの破産確率

		勝　率								
		10	20	30	40	50	60	70	80	90	100
	0.2	100	100	100	100	100	100	98	72.2	5.8	0
	0.4	100	100	100	100	99.9	95	58.7	6.5	0	0
	0.6	100	100	100	99.9	96.1	64.1	12.4	0.1	0	0
	0.8	100	100	100	98.8	78.4	26.1	1.3	0	0	0
	1	100	100	99.9	92.6	50	7.4	0.1	0	0	0
損益率	1.2	100	100	99.1	78.4	26	1.8	0	0	0	0
	1.4	100	100	96.4	59.5	11.9	0.4	0	0	0	0
	1.6	100	99.9	90.4	41.2	5.1	0.1	0	0	0	0
	1.8	100	99.7	81.1	26.8	2.2	0	0	0	0	0
	2	100	99.1	69.6	16.8	0.9	0	0	0	0	0
	2.2	100	97.7	57.6	10.3	0.4	0	0	0	0	0
	2.4	100	95.2	46.4	6.3	0.2	0	0	0	0	0
	2.6	100	91.5	36.6	3.9	0.1	0	0	0	0	0
	2.8	100	86.8	28.5	2.4	0	0	0	0	0	0
	3	100	81.2	22	1.5	0	0	0	0	0	0

少し話が逸れたので戻します。基本的には取引履歴や過去のチャート情報を参考にトレードルールを検証することで、この勝率とペイオフレシオを計測していきます。見方を変えれば、**「検証結果がないルールを使う」**ということは、**「破産確率がわからない状態でトレードすること（＝非常に危険な状態でトレードしていること）」**になるとも言えるのです。

～第2節～
証拠（検証結果）のない、トレードルールは信用できない

　一般的によく知られるルールは、本やネットなどで探すと数多く見つかります。そのルールなら勝てると主張する人が多く、実際に勝っている人もいるのかもしれません。

　しかし、**本当に勝てるルールならば、**少なくとも過去のチャート上で実際にそのルールを適用して、**「勝てるルールであることが証明されていてもおかしくない」**と思うのですが、そういった検証データとセットでルールを明確に提示している本はかなり少ないのが実態です。

　もしくは「このルールまら勝てる！」と言いながらも、そのルールがあいまいすぎて、再現不可能だったという話もよく聞きます。

　例えば、ダブルボトムや三尊天井などのフォーメーション分析はテクニカル分析の基本としてよく知られています。しかし、フォーメーション分析には"数値"を使ってロジカルに表現することができない（＝感覚的にならざるを得ない）面があります。

　FXを題材に、ダブルボトムで説明します。例えば、ダブルボトムのフォーメーションをプログラム化するとき、底にあたる部分について「1ピプス（pips）のズレも許されないのか。仮に、数ピプスは許容されるのだとしたら何ピプスまではOKとなるのか」といった部分を明確にしておく必要があります。プログラム化する以上、その数ピ

プスをあいまいにしてはいけないからです。

　たとえ１ピプスのズレも許さないという条件でプログラム化したとしても、今度は一番底をつけてから高値をつけるまでの期間が仮に15日かかった場合、「高値から二番底をつけるまでの期間は15日ちょうどでなければならないのか。それとも、数日（ローソク足数本）のズレは許されるのか」などを考えていくと、あいまいにできないポイントがまた登場してくるのです。

　このように、感覚的な要素で構成されるルールの場合には、数値で表現することができないため、プログラム計算では対応できなくなります。要するに、検証データを出すのが難しくなるのです。

　当然、「基本的なテクニカル分析手法だから」と言われても、検証結果のないルールを信じてトレードするのは精神的にかなり厳しいと思われます。少なくとも自分の中に「このルールでダメだったら仕方がない」と思えるくらい、信用できるルールでなければ、冷静な気持ちでトレードを続けることは難しいでしょう。

　だからこそ、自分がトレードで使うルールは、少なくとも自分自身にとっては、どんな状況でも信頼できるものである必要があります。

　もちろん、過去のチャート上で検証した結果が未来のチャートに必ず反映されるようなことはありません。

　しかし、過去のチャートでさえ勝てないルールと比べれば、過去のデータでもきちんと検証して、少なくとも勝てる可能性が示されているルールのほうが信用できることは明らかです。

　もちろん「検証データがない＝使えないルール」とまでは言いません。検証自体は難しいけれど、活用できるルールがあるのも事実です。ただし、そういったルールの多くには、使い方の訓練を積み重ねていくことに加え、その過程でルールに対する信用を構築していく必

◆ダブルボトムなのか、ダブルボトムではないのか

これは典型的なダブルボトム

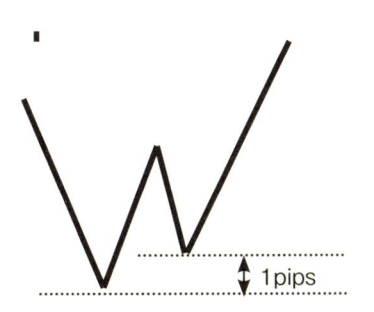

1pips

これはダブルボトムではないのか？

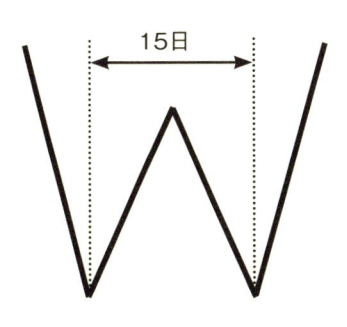

15日

ダブルボトムを形成するまでに15日

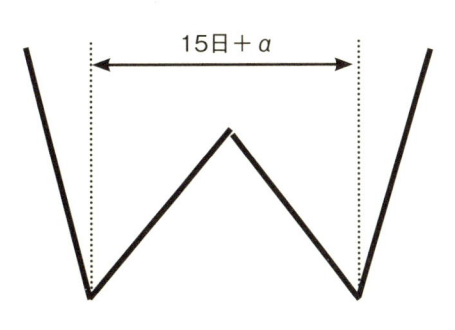

15日＋α

ダブルボトムを形成するまでに15日＋α

要があります。日々、鍛練を重ねながら相場観を高めることも重要ですが、**検証できないルールは、再現性が低いというリスクを伴っている**ことについては理解しておくべきでしょう。

～第3節～
ルールの磨き方について

　では、検証した結果に基づいて期待値の高そうなルールが見つかったとして、それをそのまま使えば勝てるのでしょうか？

　結論を言えば、そのまま使って勝てる場合もあれば、改善を試みることでさらに勝てるようになる場合もあるという、どちらとも取れる内容になります。

　ルールをより良いものに磨いていく方法はさまざまです。例えば、複数のインジケーターを組み合わせて勝率やペイオフレシオを改善していく方法が挙げられます。移動平均線を使うルールに対してRSIやRCIなどのオシレーター系指標と呼ばれるインジケーターを組み合わせる、といったイメージです。

　もちろん、こうすることで勝率が上がったり、ペイオフレシオの数字が増えることはあるのですが、逆になってしまう場合も実はあるのです。複数のインジケーターを組み合わせるということはエントリー（または決済）の条件を追加することになります。条件が増えるということは、条件に合致する回数が基本的には減ることになります。取引回数が減れば、利益を伸ばせるポジションにつながるエントリー機会を削ってしまう恐れも出てくるのです。

　もしくは、条件が複数あることで、「移動平均線ではまだ条件が合致していないけれど、RSIでは条件に合っているからエントリーして

みよう」といった形で、使うインジケーターが多くなるほど、どれか
のインジケーターにこじつけることで過剰なトレード回数につながる
恐れもあります（本章の第4節で後述）。

　ほかには、トレールストップを活用して利益を確保するルール改善
方法も考えられます（トレールストップとは、一定の利益が出たら損
切り幅を機械的に狭くする仕組み）。ただこの方法は、利益を伸ばせ
るポジションを途中で決済してしまう可能性もあり、必ずしも改善に
つながるとは限らないのです。

　もう少しピンポイントにルールを磨くことを考えた場合、仮に「勝
率を上げる」という目標に対して「何ができるか」を検討してみたと
しましょう。
　例えば「利益確定条件をゆるめる」「損切り（ストップロス）幅を
ゆるめる」などの策を打てば、勝率自体は上がる可能性が高くなりま
す。無駄なトレードを減らすように、エントリー側の条件を締めるこ
とで勝率が上がることも考えられるでしょう。
　ただ、利益確定条件をゆるめることで薄利決済が多くなれば総損益
額は下がるどころか、マイナスになる可能性も出てきます。損切り幅
をゆるめることで、高い勝率で積み上げてきた利益を1回の損失で全
部失ってしまう可能性も出てきます。エントリー条件を締めすぎる
と、利益を伸ばせるポジションが取れなくなることで総損益額が下が
る可能性も出てくるでしょう。

　このように、ルールをより良いものに改善する意識は重要なのです
が、どの改善策も結果的には一長一短になる面を持っています。言い
換えれば、**複雑なルールよりもシンプルなルールのほうが勝てる場合
もある**ということです。そのため今回は、わかりやすく表現する意味

も考慮して、移動平均線のみを使ったシンプルなルールで検証を進め
たいと思います。

~第4節~

ひとつのインジケーターを極めれば
勝てるのか？

1）複雑にインジケーターを表示すると勝てなくなる理由

　勝てていないトレーダーのチャートを見ると、いろいろなインジケーターを表示している様子に気づくことがあります。インジケーターをたくさん使えば使うほど、トレードの精度が上がって勝てそうにも思えます。しかし、現実には勝てない結果へとつながっています。それは、なぜなのでしょうか？

　簡単に言えば、**判断箇所が増えすぎて、かえって混乱してしまう**からです。

　インジケーターには、それぞれに売買サインの見極め方があります。チャート上に表示しているすべてのインジケーターが「買いサイン（あるいは売りサイン）」を示しているのであればよいのですが、あるインジケーターは買いサインを出しているけれども、別のインジケーターは売りサインを出しているとしたら、そこにはどうしても迷いが生じます。人には、判断基準が増えれば増えるほど、迷ってしまう（決断できなくなってしまう）という特徴がありますから、このような状態になってしまうと、もうお手上げです。

　もう少し具体的に説明しましょう。例えば「移動平均線では買いサ

インが出ていないけれど、ストキャスティクスでは買いサインが出ているから買おうか……。でもボリンジャーバンドで見るともう少し値を下げる余地があるから待ったほうがいいかも……」などと考えてしまいます。そして、そんなことを思案しているうちに買い注文を入れる決断ができず、気づいたらすでに値上がりしてしまって買えなくなってしまった、ということが起こるのです。そして迷ったあげく、遅れて買いエントリーをしたところ、今度は高値づかみとなって、結局、損切りする羽目になってしまった、というような"最悪の事態"に陥ることもあるのです。

　また、インジケーターを数多く表示していると、どれかのインジケーターにこじつければ、いつでも売買ができてしまうというデメリットもあります。その都度、どれかのインジケーターに絞るとしたら、それは単なる好みの問題です。そこに、理論はありません。そのような売買で勝ち続けることができるのでしょうか？　そもそも、どれかに絞るくらいなら、複数のインジケーターを表示させる意味がありません。

2）最も多くの人が見ている「移動平均線」だけ使えば勝てる？

　では、使うインジケーターはなるべく少なくしたほうがよいということになるのでしょうか？

　ここで知っておいてほしいことがあります。それは**「相場は多数決の原理で動く」**という事実です。買う人が多くなるほど価格は上がっていきますし、売る人が多くなるほど価格は落ちていくのです。例えば、オークションで「欲しい！」と思っている人たちが「プラスいくらか積んででも買いたい！」と思い続けることで価格が上がっていく姿と同じです。

見方を変えれば、買いたいと思っている人たちの多くが同じインジケーターを見ながら売買すればするほど、そのインジケーターに反応する確率は上がるとも言えます。誤解を怖れずに言えば、「トレードの世界で最も多くの人が使っているインジケーターがあるならば、そのインジケーターだけ使えば勝てる」ということです。

　商材などでよく耳にする情報のひとつに、**「まだ世に知られていないインジケーターを紹介！」**という話があります。「まだ世に知られていないインジケーター」と聞くと、聖杯のような雰囲気も感じられますが、**「知られていない＝誰も見ていない」**と考えれば、そのからくりに気づくと思います。多くの人が見ていないようなインジケーターに相場が反応する可能性は低い、ということです。

　では、**トレードの世界で最も多くの人が使っているインジケーター**は何でしょうか？

　それは、**移動平均線**です。つまり、**移動平均線＝最も反応する確率が高いインジケーター＝そのインジケーターだけしか使わなくても結果が出る**、と考えることができるのです。

　後述しているように、実際に移動平均線だけ使うトレードルールでも、勝てる見込みは十分にあります。もちろん移動平均線ひとつを取っても、活用方法は多岐にわたるので、どんな銘柄やどんな通貨ペアでも勝てるという意味ではありません（89ページのコラム参照）が、移動平均線の特徴をしっかりと捉えて戦略を練っていけば、資金を増やすことはできるのです。

3）信用できないルールはメンタルに悪影響を与える

　投資に限った話ではありませんが、長年知れわたってきているルールには、長く伝わり続けてきた理由が何かしらあります。

仮に、秘匿性（ひとく）の高い聖杯のようなマイナールールが見つかったとしましょう。でも、それが数カ月や数年スパンでのバックテストで信憑（しんぴょう）性を得たルールだとしたらどうでしょう？　もし100年に一度の○○ショックが起こって大暴落した（もしくは大暴騰した）として、含み損が大きく広がったとき、「このルールなら大丈夫だ」と信じ続けて冷静にトレードできるでしょうか？

もちろん、このマイナールールが自分自身で開発したものであれば、自分で使う分には、どのような事態になっても信じ続けることはできるかもしれません。しかし、そういうケース以外では、おそらく大半の人が「本当にこのルールは大丈夫なのか？」と不安に駆られることでしょう。

何が言いたいかというと、**「純益がある程度プラスになることが確認できているルールであっても、それが短い期間でのバックテストによるものだとしたら不安は拭いきれないという話になってしまう」**ということなのです。言い換えれば「長期間でのバックテストによって純益が出ると確認できているルールのほうが、安心感という点で、トレードメンタルへの影響が小さくなる」のです。

時に、トレーダーは非合理的な行動を取ろうとすることがあります。そして、多くの場合、それはメンタルが不安定な状態のときに起こります。トレードにおいては、「メンタルの安定化」は非常に重要なのです。

それならば、「メンタルを鍛えればよいのではないか？」という方向で対策を考える人もいますが、仮に滝行をやったからトレード中のメンタルが安定すると言われても、納得できる人は少ないのではないでしょうか？

トレードに限らず、そもそもメンタルは自分で鍛えてどうこうするというものではなく、自分の体調とまわりの環境によって決まるものだと私は考えています。

例えば、体調で言うと、病気や寝不足、二日酔いなど、健康状態が下降気味のときは、精神的には少なからずネガティブな状態になっています。こういう状況下で、含み損がどんどん膨らんでいく画面を目にしたら、さらにネガティブな感情も膨らんでいくでしょう。

自分の精神に影響を与えるのは自分だけではありません。まわりの人によっても影響されます。

例えば、日ごろから他人を否定することばかり言う人がまわりにいるとします。良い気持ちはしないはずです。こういうただでさえ心が落ち着かない環境にいながら、含み損がどんどん膨らんでいく様子を目にしたら、どうでしょうか。ネガティブな感情に任せて非合理な行動を取りやすくなってしまうことでしょう。「本当に大丈夫か」と、ルールを無視した思考が芽生えてしまっても無理はありません。

メンタルを安定させたければ、体調管理と自分が日々過ごす環境整備は必須ですが、それ以前の話として、「そもそも、自分が従うルールが本当に大丈夫なのか……？」と不安になるようなものであれば、先に見直しておくことも大切です。信用できないルールを使えば、メンタルが崩れやすくなってしまうからです。

言い換えるならば「このルールは、今の局面では損切りが増えるけれど、破産する確率は低く、局面が変われば利益が伸びてくる」と潜在意識レベルで納得できるルールを見つけ、それに従うべきです。それができれば、メンタルは崩れにくくなります。

信頼できるルールを持つことで、メンタルを安定させて、常に合理的な判断のもと（≒非合理な相場の動きに気づける状態）でトレードしていくことが重要であることを覚えておきましょう。

　前作『「出口」から考えるFX』では、移動平均線に限定せず、さまざまな手法に対する検証を実施しました。

　検証した結果わかったことは、**どんな手法やインジケーターであっても、何かの通貨ペア、どれかの時間足なら通用する組み合わせが何かしら存在する**ということです。言い換えれば、**どんな通貨ペア（銘柄）やどんな時間足でも通用するような万能型の手法やインジケーターは存在しない**ということでもあります。

　例えば、「ユーロドルの1時間足」に対して、「移動平均線の反発に順張りするルール」の検証結果が良かったとします。ただ、同じ条件（ユーロドルの1時間足）でストキャスティクスのクロスというルールを使うと、検証結果は悪くなってしまうのです。

　また、同じ「移動平均線の反発に順張りするルール」に対してユーロドルで検証したところ、30分足ではまったく期待が持てないけれど、1時間足で検証すると期待値が高いこともあるのです。

　もっと言えば、同じ1日の中でも東京時間に絞ると検証結果は良くなるけれど、米国時間に絞ると結果が悪くなる、といった組み合わせもあるのです。

つまり、**「このルールは使えない」**という意見は違っていて、正しくは**「このルールは"この通貨ペアとこの時間足の組み合わせ"では使えない」**なのです。

　このことをきちんと把握していないと、聖杯のようなルールを追い求めてしまいがちになります。当然、そんなルールは見つかるはずもなく、さまよっているうちに相場から退場させられてしまうことになります。気をつけましょう。

～第5節～
すべてのルールは２種類に分けられるが、どちらにも共通することとは？

　トレードルールは、ある意味で、無限大に作り出すことができますが、すべてのルールは２種類に分類することができます。ひとつは「順張り」、もうひとつは「逆張り」です。

　順張りは、相場の流れ（トレンド）に沿って売買するものです。具体的には、価格が上がっているときに買い、価格が下がっているときに売りを入れるトレードを指します。一般的にトレンド相場と呼ばれているときによく使われるルールになります。

　対して逆張りは、相場の流れ（トレンド）に逆らって売買するものです。価格が上がっているときに売り、価格が下がっているときに買いを入れるトレードを意味します。一般的にレンジ相場と呼ばれているときによく使われるルールになります。

　今回検証の対象となる移動平均線のルールは、移動平均線自体がトレンドを把握する目的で使われることから、基本的には順張りに分類されます。

　ここで今、「トレンド相場」「レンジ相場」という言葉が出てきました。それぞれの相場はどのくらいの比率で発生しているか、ご存知でしょうか？　FX相場で見ると、一般的に相場全体のうち、トレンド相場が３割、レンジ相場が７割と言われています。ということは、

トレンド相場で使われる順張りが勝ちやすい場面は全体の3割程度しかないことになります。極端な見方かもしれませんが、シンプルに見れば「勝つ局面が3割＝損切りになる局面が7割＝勝率は3割程度になる」という想定が出てくるのです。

　先に説明したペイオフレシオとのバランスも考慮すると、「順張りのルール（移動平均線を使うルールも含む）は、勝率は低めでペイオフレシオを上げる方向で勝っていくルールになるのでは？」という仮説が成り立ちます。次章以降では、これを過去の事実データを使って、**検証結果を数字で出すことで証明**していきます。
　同時に、数字で出すことで、「ペイオフレシオは具体的にどのくらいを目標に考えればよいのか？」「損切り幅は最大でどのくらいを見込む必要があるのか？」など、実際にルールとして活用するときに必要となる基準も明らかにしていきます。

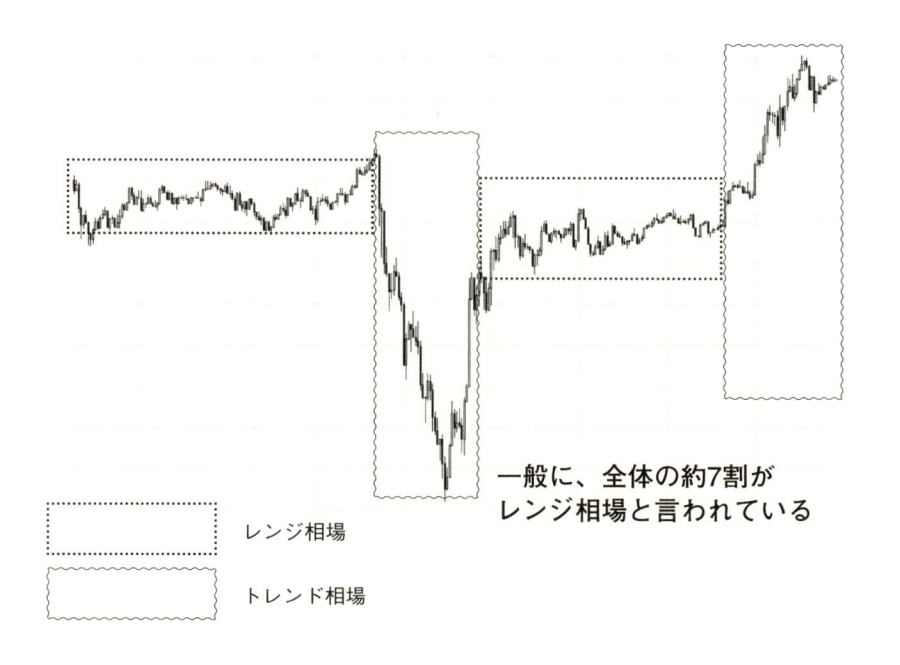

一般に、全体の約7割が
レンジ相場と言われている

レンジ相場

トレンド相場

第4章

よく知られる移動平均線を活用したルールを検証するにあたって

～第1節～
トレードルールの評価期間や
データ仕様について

　一般的な移動平均線ルールを評価するにあたり、今回、実際に検証するルール条件について、それぞれ説明していきます。

1）評価期間

　評価期間は、2012年1月2日〜2023年12月29日（約11年間）です。
　ルールを検証するプラットフォームはMT4です。FXDD社が公表しているレートデータで検証します。今回は2024年5月29日時点で公開されていたデータを使用しているため、本書をお読みいただいている時点での公開データとはズレの発生する可能性があります。ご注意ください。あくまでも傾向を見ることを主体として考えていきます。

2）通貨ペア

　検証の対象とする通貨ペアは以下の8種類とします。

①ドル円
②ユーロ円
③ポンド円
④豪ドル円

⑤ユーロドル

⑥ポンドドル

⑦豪ドルドル

⑧ユーロポンド

3）対象時間足

各通貨ペアに対する評価対象時間足は以下の6種類とします。

①5分足

②15分足

③30分足

④1時間足

⑤4時間足

⑥日足

検証時のMT4のモデル設定は「全ティック」モードで実施していますが、使用しているデータの最小時間足が1分足のため、実際には1分未満の短い時間（ティック）単位での取引判定にはなっておりません。実際は1分足を最小とした検証データとなっております。あらかじめご了承ください。

4）スリッページとスプレッド、ロット数

スリッページは考慮しません。

また、スプレッドについてもMT4で選択可能な最小値である「2」で固定して、実質、考慮しない設定とします。取引環境によって変化するものは極力排除し、純粋なルール検証で評価していきます。

その考えから、本書の検証では資金管理力に影響されることなく、あくまでも売買タイミングを計る観点で評価するという狙いを達成するため、ロット数は1万通貨固定で検証を進めます。

なおスワップポイントの計算については、MT4内部より自動計算された値をそのまま使用しているため、同期間におけるバックテストを実行したとき、実行環境によっては、その値に対する誤差が発生する可能性があります。

5）初期資金

初期資金は1,000,000JPY（100万円）の設定とします。複数日をかけて検証しているため、日々の換算レートの変化により、純益などの検証結果の数字が完全一致しない面があります。ご理解いただければと思います（傾向を探るレベルであれば問題ない範囲の誤差と考えています）。

6）バックテスト結果

バックテストの結果に対する項目説明は以下の通りです。

①勝率
損益がプラスで決済された取引回数の割合になります。

②純益
利益と損失の総合計の値になります。

③総取引数
取引回数の合計になります。この値が大きいほど、統計的にテスト

結果の信頼性は上がります。

　最低限、1年に100回（月あたり8〜9回）くらいの取引数はないと、トレードする中で不安感が生まれるかもしれません。ただ、取引回数が多くなるということは、実際の取引時にはスプレッドも多くのしかかってくるということでもあるため、単純に多ければよいというものでもありません。自分の中で納得のいくところでバランスが取れていることが重要です。

④プロフィットファクター

　「総利益÷総損失」で求められる数字になります。「1」より大きければ利益のほうが大きいことになる、つまり利益が生まれるトレードルールとなります。第3章で説明したペイオフレシオは「平均利益÷平均損失」と、個々のトレードを評価しているのに対して、プロフィットファクターは最終的に利益が出ているかを評価するために使われます。

7）検証するトレードルールについて

　次節以降、本書で検証する各ルールを説明していきます。ルールについては「単線分析」「2線分析」「3線分析」、それぞれ代表的なものを使用します。

①単線分析

　移動平均線抜け、移動平均線反発、移動平均線の傾きを考慮した高値（安値）ブレイク。

②2線分析

　ゴールデンクロス＆デッドクロス。

③3線分析

パーフェクトオーダー。

8）利益確定と損切り

利益確定、損切りは原則、エントリーしたポジションの逆条件で実行します。また、各ルールとも、エントリーおよび決済の判断は、ローソク足が確定した次の始値で判定します。例えば、すでに買いポジションを持っているときに売り条件が満たされた場合は、買いポジションのクローズのみを実行し、新たに売りポジションを持つかどうかは、さらに次のローソク足の始値が確定したタイミングで判定する形になります。

それでは、次節以降で、それぞれのルール（エントリー条件や決済条件）について、触れていきます。

～第2節～
単線分析の評価対象ルール
～ローソク足と移動平均線のクロストレード～

　このトレードルールはMT4プラットフォームに標準装備されているサンプルEA「Moving Average」になります。

　ローソク足が移動平均線を上抜く形（下抜く形）で確定するということは、「平均」よりも上になった（下になった）ということでもあります。その状況時に次の始値で買いエントリー（売りエントリー）を実行したらどういう値動きになるのか。この「移動平均線を使った、もっともシンプルな手法」について、以下の条件で検証します。

パラメータ情報

移動平均線　期間	12
移動平均線　シフト（表示移動）	6

【システム上の買いエントリー（売りポジション決済）条件】

　ひとつ前のローソク足の始値が移動平均の値より小さく、かつローソク足の終値が移動平均の値より大きいとき（＝移動平均線をローソク足が上抜けしたとき）、次のローソク足の始値でオーダー。

◆買いエントリー（売りポジション決済）条件のイメージ図

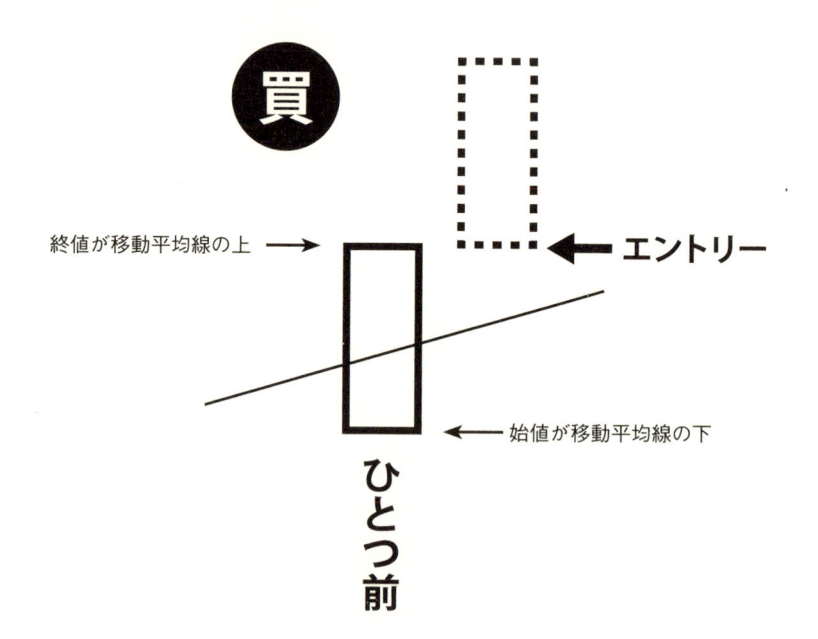

【システム上の売りエントリー（買いポジション決済）条件】

　ひとつ前のローソク足の始値が移動平均の値より大きく、かつローソク足の終値が移動平均の値より小さいとき（＝移動平均線をローソク足が下抜けしたとき）、次のローソク足の始値でオーダー。

◆売りエントリー（買いポジション決済）条件のイメージ図

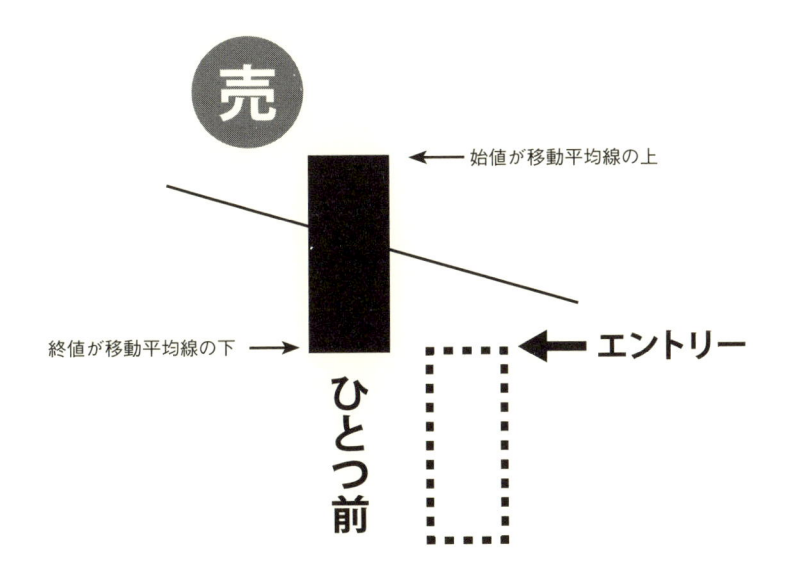

<補足>

　このルールに対する検証は前作『「出口」から考えるFX』でも実施しました。その際、「6期間シフトしている意味は何ですか？」というご質問を数多くいただきました。

　理由としては「MT4プラットフォームに標準装備されているサンプルEA に従っただけ」だったのですが、現実的には移動平均線をシフトさせて活用している方が少数派であることも事実です。

　そこで、一般的に移動平均線の初期値でよく使われる20MA（シフトなし）についても、今回は検証を実施します。

～第3節～
単線分析の評価対象ルール
～移動平均線反発ルール～

　移動平均線は、相場のトレンドを把握するときに参考となる一方、価格の「抵抗帯」や「支持帯」として機能することもあります。

　例えば、価格が上昇して移動平均線に近づくと、その移動平均線が抵抗帯となり、価格がその水準で反発して、再度、下落に転じることがあります。一方で、価格が下降中の場合は、移動平均線が支持帯となり、価格がその水準で反発して上昇に転じることもあります。

　この"多くのトレーダーが移動平均線を意識して売買を行うために起こる現象"を利用したトレードルール（移動平均線を抵抗帯や支持帯と見立てたトレードルール）について、以下の条件で検証します。なお、トレンドは直近の移動平均線の傾きで判断していきます。

パラメータ情報	
移動平均線　期間	20

【システム上の買いエントリー（売りポジション決済）条件】

　２つ前の単純移動平均値よりひとつ前の単純移動平均値が大きく（＝移動平均線上昇傾向）、ひとつ前の単純移動平均値がローソク足の安値より上、かつローソク足の終値より下で確定（＝反発）したら、次のローソク足の始値でオーダー。

◆買いエントリー（売りポジション決済）条件のイメージ図

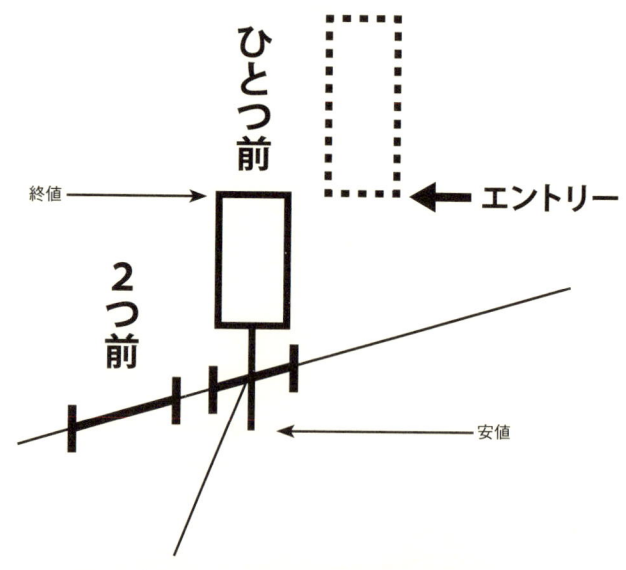

ひとつ前のローソク足の安値と終値の間に
移動平均線がある（ローソク足の形状は問わない）

【システム上の売りエントリー（買いポジション決済）条件】

　2つ前の単純移動平均値よりひとつ前の単純移動平均値が小さく（＝移動平均線下降傾向）、ひとつ前の単純移動平均値がローソク足の高値より下、かつローソク足の終値より上で確定（＝反発）したら、次のローソク足の始値でオーダー。

◆売りエントリー（買いポジション決済）条件のイメージ図

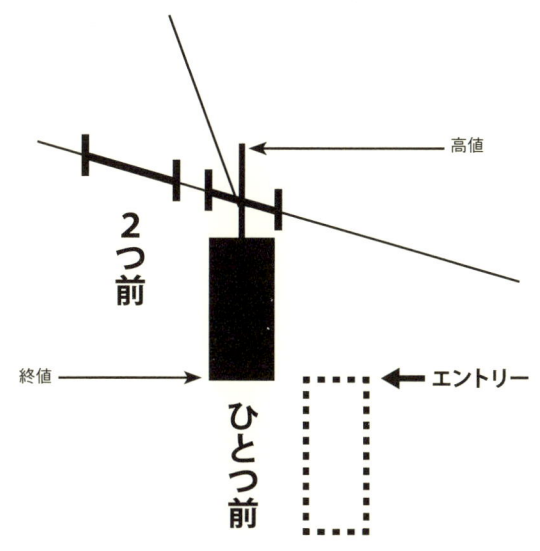

ひとつ前のローソク足の高値と終値の間に
移動平均線がある（ローソク足の形状は問わない）

高値

2つ前

終値

ひとつ前

エントリー

～第４節～

単線分析の評価対象ルール
～移動平均線の傾きを考慮した高値（安値）更新ルール～

　移動平均線の傾きと、（直近の）高値（安値）のブレイクアウトでエントリータイミングを計るルールです。

　移動平均線が上向いているとき（下向いているとき）とは、要するに上昇トレンド（下降トレンド）が発生しているときです。その状況時に１本前のローソク足の高値を超えた（安値を割った）ことが確定したら買い（売り）という、数あるトレンドフォロー戦略の中でも基本となるルールの値動きについて、以下の条件で検証します。

　なお、この手法に関しては、逆条件になるまで保持するトレーダーは少数と判断したため、決済条件を別途設ける形で実施します。

パラメータ情報	
移動平均線（短期）期間	20
移動平均線の角度	30
ローソク足の幅	円ベース：0.025 ドルベース：0.00025

【システム上の買いエントリー条件】

　２本前と１本前、それぞれのローソク足に対する移動平均値よりも始値が大きく、２本前のローソク足の高値を１本前のローソク足の終値が超えたとき、移動平均値の傾きが指定角度以上であれば、次の足の始値でエントリー。

【システム上の買いポジション決済条件】

　１本前のローソク足の終値が移動平均線を下回ったら、次の足の始値で売り決済。

◆買いエントリー条件と買いポジション決済条件のイメージ図

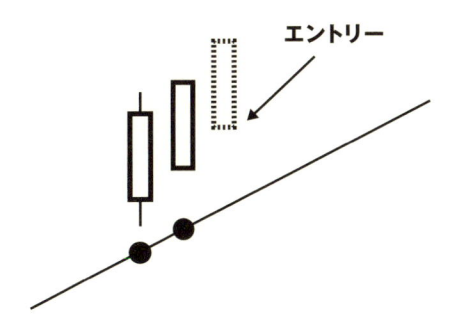

ローソク足が移動平均線の上にあり、かつ移動平均線が上向きのとき、１本前の足の高値を超えて確定したら、次の足の始値でエントリー

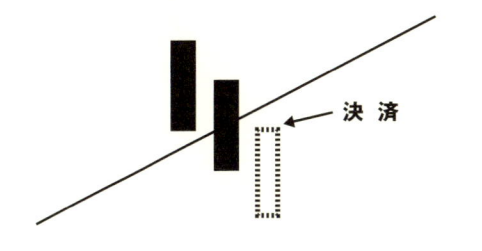

１本前のローソク足の終値が移動平均線を下回ったら、次の足の始値で売り決済

【システム上の売りエントリー条件】

　２本前と１本前、それぞれのローソク足に対する移動平均値よりも始値が小さく、２本前のローソク足の安値を１本前のローソク足の終値が下回ったとき、移動平均値の傾きがマイナス方向に指定角度以上となったら、次の足の始値でエントリー。

【システム上の売りポジション決済条件】

　１本前のローソク足の終値が移動平均線を上回ったら、次の足の始値で買い決済。

◆売りエントリー条件と売りポジション決済条件のイメージ図

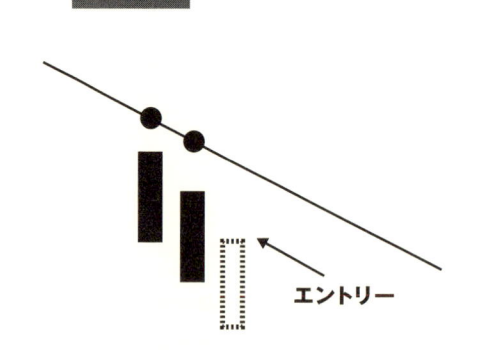

ローソク足が移動平均線の下にあり、かつ移動平均線が下向きのとき、１本前の足の安値を割って確定したら、次の足の始値でエントリー

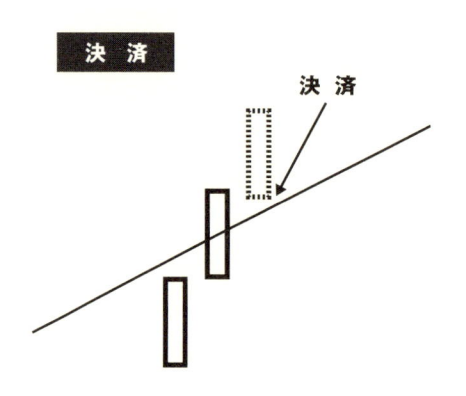

１本前のローソク足の終値が移動平均線を上回ったら、次の足の始値で売り決済

コラム 1
移動平均線の傾きに対する角度算出方法と横軸の幅について

　移動平均線の傾き度合いを表す角度は、アークタンジェント
を用いて計算しています。注意すべきこととして、チャートの
縦軸はレート、横軸は時間と、単位が異なる点が挙げられま
す。そのため、横軸の幅を縦軸のレート幅と見比べ、疑似的な
ローソク足の幅（※レート単位に合わせたもの）に変えること
で計算をしています。

　今回、この点だけは著者の主観に基づき、計算結果に近いと
思われる横軸の値を定義しています。検証結果について懐疑的
に思われた方は、横軸の幅を各自で調節して、再度検証を試み
ていただければと思います。

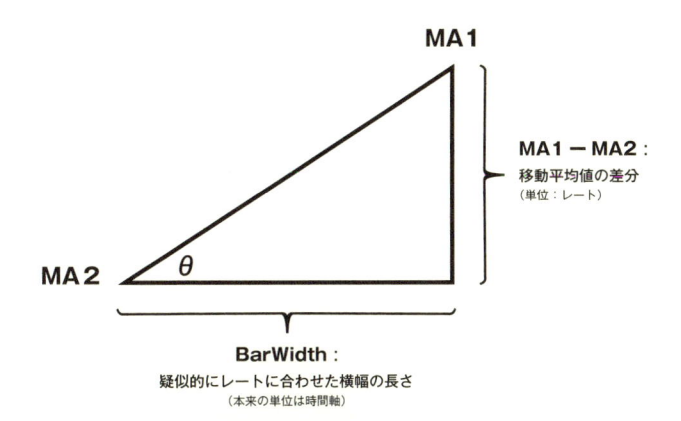

MA1

MA1 － MA2 :
移動平均値の差分
（単位：レート）

MA2　　θ

BarWidth :
疑似的にレートに合わせた横幅の長さ
（本来の単位は時間軸）

トレンドラインの角度計算式

$$\theta = \mathrm{MathArctan}((MA1 － MA2)/BarWidth) * (180/3.14)$$

～第5節～
2線分析の評価対象ルール
～短期移動平均線と長期移動平均線のクロストレード～

　2本の移動平均線の形状からエントリー＆決済を判断するルールです。いわゆるゴールデンクロスとデッドクロスに関する手法の話です。

　ゴールデンクロス（デッドクロス）の出現は「上昇（下降）トレンドの始まり」を示すサインと見なされるとともに、買い（売り）のタイミングとして注目されます。このゴールデンクロス（デッドクロス）が現れた後、どのような値動きになるのかを以下の条件で検証していきます。

　なお、第2章でも触れているように、上向き（下向き）の長期の移動平均線を短期の移動平均線が上抜く（下抜く）場合、買い（売り）サインの意味合いが強くなることについては、もう一度、おさらいしておいてください。

パラメータ情報	
移動平均線（短期）期間	20
移動平均線（長期）期間	40

【システム上の買いエントリー（売りポジション決済）条件】

2つ前の短期移動平均値が長期移動平均値より小さい値で、かつ、ひとつ前の短期移動平均値が長期移動平均値より大きい値で確定したら、次のローソク足の始値でオーダー。

◆買いエントリー（売りポジション決済）条件のイメージ図

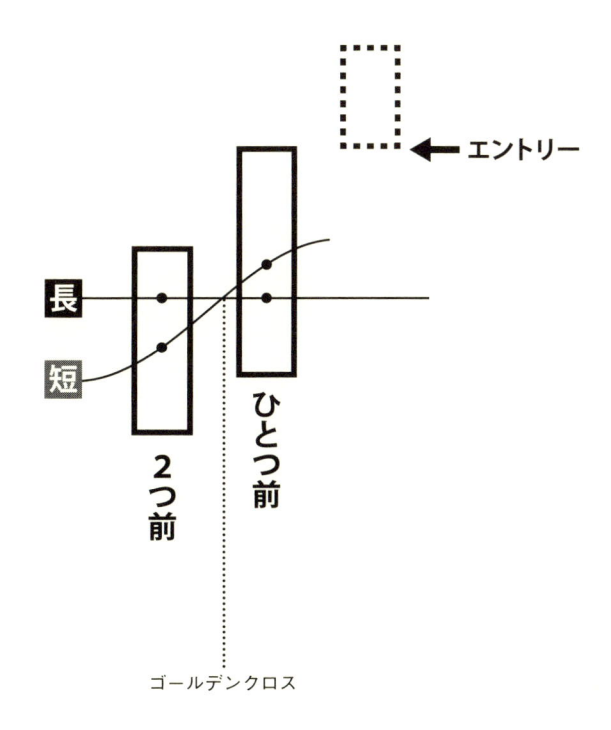

【システム上の売りエントリー（買いポジション決済）条件】

　2つ前の短期移動平均値が長期移動平均値より大きい値で、かつ、ひとつ前の短期移動平均値が長期移動平均値より小さい値で確定したら、次のローソク足の始値でオーダー。

◆売りエントリー（買いポジション決済）条件のイメージ図

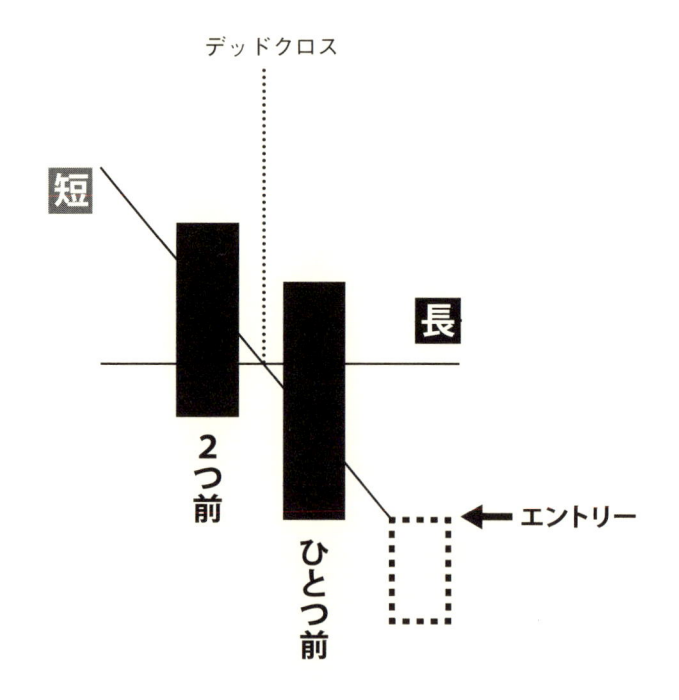

～第6節～
３線分析の評価対象ルール
～パーフェクトオーダールール～

　３線分析（パーフェクトオーダー）とは、移動平均線を３本（短期・中期・長期）使用したテクニカル分析です。それぞれの移動平均線の位置関係でエントリータイミングを計ります。

　例えば、下から長期、中期、短期の順番で移動平均線が並んでいるとき（３本の移動平均線が上向きに推移していればなお良い）は相場が強い上昇トレンドにあることを示します。このときは買い目線で仕掛けます。

　逆に、上か長期、中期、短期の順番で移動平均線が並んでいるとき（３本の移動平均線が下向きに推移していればなお良い）は相場が強い下降トレンドにあることを示します。このときは、売り目線で仕掛けます。

　このルールについて、以下の条件で検証します。

パラメータ情報	
移動平均線（短期）期間	25
移動平均線（中期）期間	75
移動平均線（長期）期間	200

　３つの移動平均値（25MAと75MAと200MA）の位置関係が長期MA<中期MA<短期MAとなったら、次の足の始値で買いエントリー。

【買いポジション決済条件】

　２つの移動平均値（25MAと75MA）の位置関係が中期MA>短期MAになったら（＝短期MAが中期MAを下抜いたら＝３つの位置関係が崩れたら）、次の足で売り決済。

◆買いエントリーと買いポジション決済のイメージ図

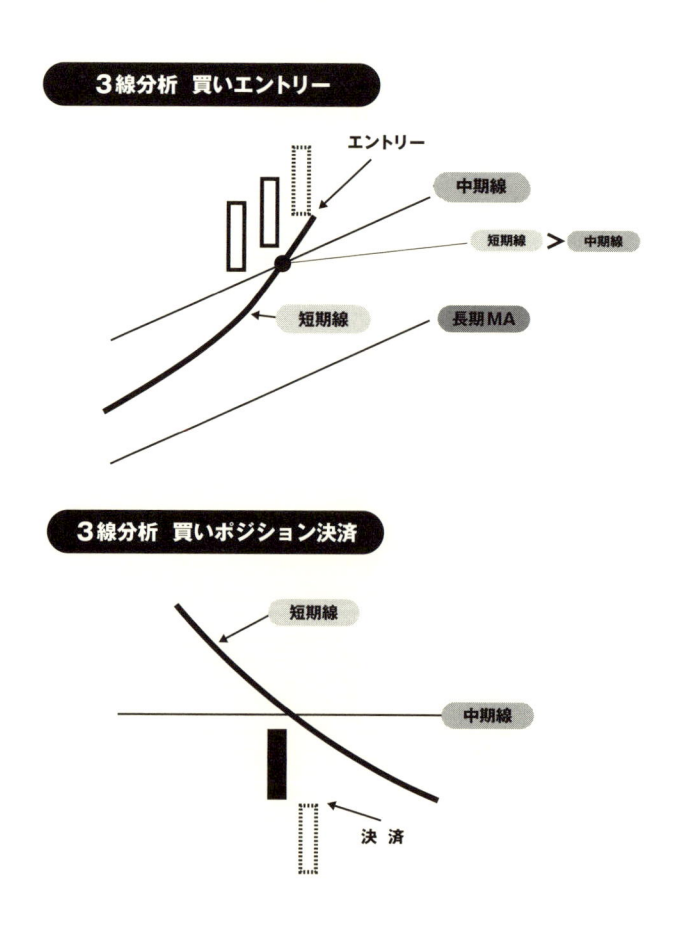

【システム上の売りエントリー条件】

3つの移動平均値（25MAと75MAと200MA）の位置関係が長期MA＞中期MA＞短期MAになったら、次の足の始値で売りエントリー。

【売りポジション決済条件】

2つの移動平均値（25MAと75MA）の位置関係が中期MA＜短期MAになったら（＝短期MAが中期MAを上抜いたら＝3つの位置関係が崩れたら）、次の足で買い決済。

◆売りエントリーと売りポジション決済のイメージ図

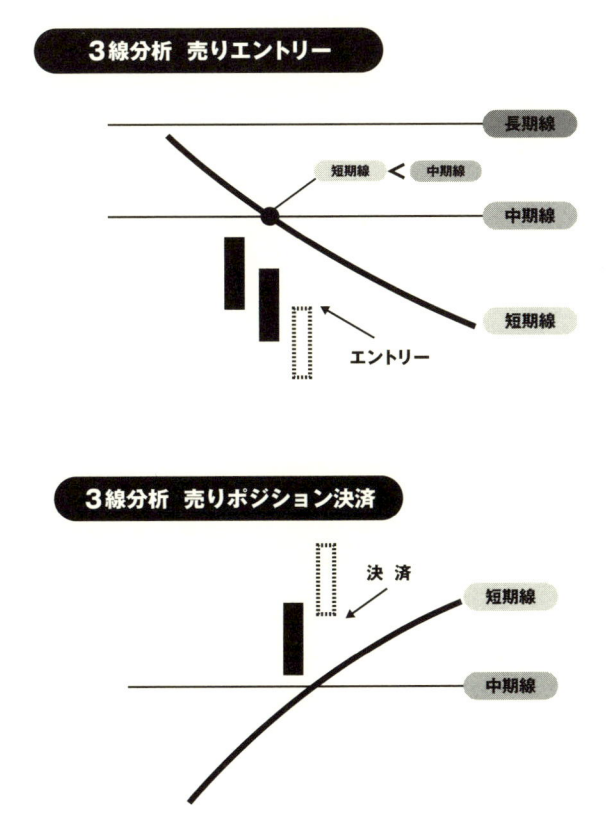

コラム2　インジケーターとの付き合い方

　単線分析には、「移動平均線の反発」というルールがあります。ところで、何をもって反発したと言えるのでしょうか?

　実際のところ、「反発したかどうか」の判断は、個人個人に委ねられます。例えば、下がってきていたローソク足が切り返して上がっていくときのことを考えてみましょう。

　「1本前のローソク足の高値と安値を切り上げる形になったら反発した」と考える人もいれば、「直近高値を超えるまでは反発したとは見なさない」という人もいます。残念ながら、そこには絶対的な正解はありません。

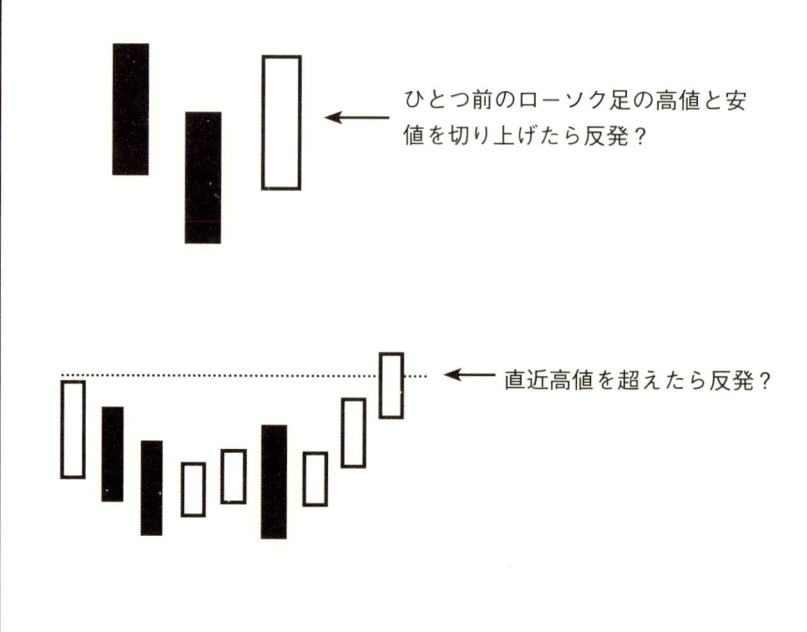

ひとつ前のローソク足の高値と安値を切り上げたら反発?

直近高値を超えたら反発?

ベテランの人であれば、今までの経験から「これは反発の形だ」と見切ることもできるでしょうが、トレードに慣れていない初心者などでは、自分の判断に自信が持てないこともあると思います。

　そういうときに役立つのが**インジケーター**です。メタトレーダー4やトレーディングビューなどで使える、「下がってきたローソク足が上昇に転じたらサイン（矢印など）を出してくれる」「ゴールデンクロス（デッドクロス）が発生したらサインを出してくれる」ようなインジケーターは、探せば見つかるものです。

　インジケーター自体は非常に便利なものですが、もちろん、注意点もあります。それは、「サインを鵜呑みにしてはいけない」ということです。

　例えば、買いサインが出たときとは、あくまでも「買い有利の状況に傾き始めた」ということであって、絶対的に買いの状況になったということではありません。

　ですから、買いサインが出た後に、そのまま上昇することもあれば、買いサインの出たところが一時的な天井になって、その後は下がってしまうこともあります（※余談ですが、こういうときは、長い時間軸のほうが下降トレンドになっていることがあります）。

　インジケーターはあくまでも補助的な役割を担うにすぎません。「百発百中のインジケーターなどはこの世に存在しない」という事実を、まずは頭の中にたたき込んでおく必要があります。

「百発百中ではない」としたら、どうするのか？　エントリーするときに、同時に出口も考えておくことです。できれば、出口を決めてから、エントリーするように心がけてください。

　その方法はいろいろ考えられますが、例えば「サインが出たローソク足を否定する動きになったときには決済する」というようなルールはわかりやすいでしょう。具体的には、買いサイン（売りサイン）が出たローソク足の安値の下（高値の上）に、エントリーと同時に逆指値で損切りを設定して（ストップを置いて）おけば、大けがしないで済みます。

　私たちが避けなければいけないことは、投資資金がショートしてしまうほどの大負けです。マーケットに生き残ることができれば、小さな失敗をしても、それ自体を良い経験として蓄積しておくことができます。

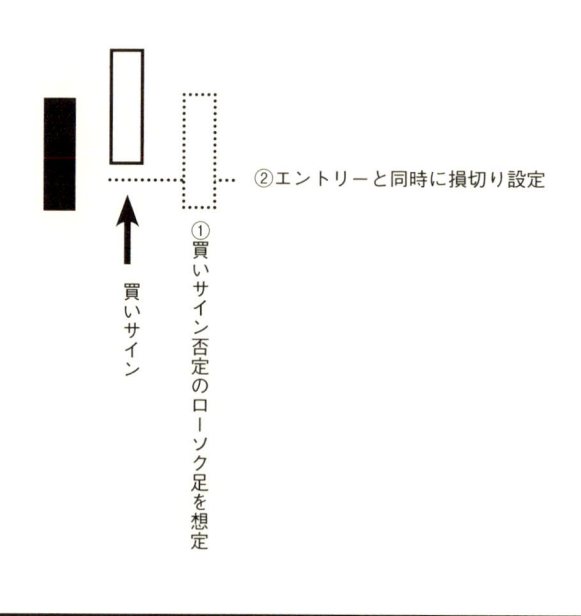

②エントリーと同時に損切り設定

①買いサイン否定のローソク足を想定

買いサイン

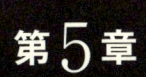

第5章

移動平均線を使った各ルールの「検証結果」を知る
〜証拠（検証結果）から「使えるトレードルール」を学ぶ〜

　前章で紹介した各ルールに対して、実際に取引をした結果を見ていきましょう。ルールごとに損益がプラスとなった通貨ペアと時間足の組み合わせをまとめました。ひとつずつ紹介していきます。

　まずは、移動平均線を使った手法として最も有名な"短期移動平均線と長期移動平均線のクロストレード"という「2線分析」の検証結果を紹介します。

●

　ポンド円は、検証したすべての時間足（6つ）でプラスの結果となりました（次ページの一覧表参照）。ドル円やユーロ円も4つの時間足でプラスとなっています。円ベースの通貨ペアで良い結果が出ている印象です。言い換えると、円ベース以外の通貨ペアでは、損益プラスで終える組み合わせが少ない結果となっています。

　次に、時間足に注目します。30分足で損益プラスになっているものが多い傾向に見えます。勝率については35～45%くらいになる想定です。

　このルールは活用しても良さそうに思います。損益率は1.7～1.8の結果が多く見られました。勝率から考えると損益率は2.2以上を狙い

たくなるところですが、そこまで利幅を伸ばそうとすると、かえって成績が落ちる可能性もゼロではない結果となりました。

　なお、検証結果ベスト３の詳細は122〜127ページの通りです。

2線分析で損益プラスとなった組み合わせ一覧表

通貨ペア	利益(円)	勝　率	損益率(%)	総取引数
ドル円5分足	55095.30	36.84	1.7	12765
ドル円15分足	573987.91	38.30	1.8	4104
ドル円30分足	901620.83	41.33	1.8	2013
ドル円4時間足	323073.50	38.27	2.0	277
ポンドドル15分足	166368.25	36.57	1.8	4175
ポンドドル30分足	502606.81	38.10	1.8	2050
ポンドドル1時間足	361265.47	37.93	1.8	978
ポンド円5分足	212740.47	36.33	2.4	12765
ポンド円15分足	655872.70	37.87	1.8	4177
ポンド円30分足	634863.08	38.79	1.8	2011
ポンド円1時間足	1336596.75	43.06	1.8	994
ポンド円4時間足	854201.66	44.27	1.9	262
ポンド円日足	569139.21	49.09	1.8	55
ユーロ円30分足	470149.25	38.9	1.7	2009
ユーロ円1時間足	940550.35	42.74	1.8	985
ユーロ円4時間足	455053.07	46.21	1.5	264
ユーロ円日足	503995.25	45.45	2.4	55
豪ドルドル15分足	28975.70	38.16	1.6	4106
豪ドルドル日足	448978.11	43.14	2.5	51
豪ドル円30分足	199870.93	38.44	1.7	2037
豪ドル円4時間足	252971.74	41.70	1.7	271

※損益率（＝平均利益／平均損失）＝＝ペイオフレシオ

第1位：ポンド円　1時間足

1）データ関連

①検証結果

初期証拠金	1000000.00		スプレッド	2
純益	1336596.75	総利益 5113037.85	総損失	-3776441.09
プロフィットファクタ	1.35	期待利得 1344.66		
絶対ドローダウン	7313.29	最大ドローダウン 334619.43 (19.17%)	相対ドローダウン	19.17% (334619.43)
総取引数	994	売りポジション(勝率%) 0 (0.00%)	買いポジション(勝率%)	994 (43.06%)
		勝率(%) 428 (43.06%)	負率(%)	566 (56.94%)
		最大 勝トレード 80635.62	敗トレード	-194030.55
		平均 勝トレード 11946.35	敗トレード	-6672.16
		最大 連勝(金額) 6 (80299.60)	連敗(金額)	11 (-65739.86)
		最大 連勝(トレード数) 103912.07 (3)	連敗(トレード数)	-194030.55 (1)
		平均 連勝 2	連敗	2

②資産曲線

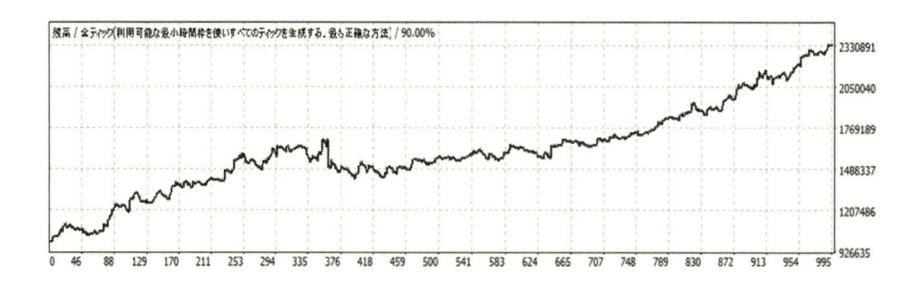

残高 / 全ティック(利用可能な最小時間枠を使いすべてのティックを生成する。最も正確な方法) / 90.00%

2）短評

　勝率は約43％、（システム）トレードの優劣を示す「プロフィットファクター（＝PF）」は1.35、最大ドローダウンは約19％という、素晴らしい成績を残しています。ただし、最大ドローダウンは約19％という一般的には少し大きめの数字になっているので（※一般的には、安定したトレードの最大ドローダウンは5〜10％前後とされています）、トレードスタイルやトレード戦略によっては、値動きに翻弄されて精神的にきつくなりそうな場面が出てくることも考えられます。

　移動平均線を使うトレードルールとしては比較的勝率が高め（後述する他ルールと比べるとわかりますが、勝率30％台が多くなる傾向）です。先述したように、一時的にドローダウンが進む局面はあるものの、基本的にはなだらかな右肩上がりが続く、理想的な資金推移となっています。

　なお、この組み合わせを含めて、このルールの上位3つの組み合わせについては、すべて買いポジションのみで結果が出ている点は大きな特徴となります。いわゆるドテンはせず、ポジションフリー状態のときに売りエントリー条件の合致するタイミングがたまたまなかった組み合わせが上位に来ているのです。ですから、ドル円15分足や豪ドル円30分足など、成績上位には入らなかったけれどそこそこ良い成績となっている組み合わせに対しても、買い限定でのエントリー戦略に変更することで成績が改善する可能性は十分にあるものと考えられます。

第2位：ユーロ円　1時間足

1）データ関連

①検証結果

初期証拠金	1000000.00		スプレッド	2
純益	940550.35 総利益	3806542.07	総損失	-2865991.71
プロフィットファクタ	1.33 期待利得	954.87		
絶対ドローダウン	22617.32 最大ドローダウン	215619.51 (11.16%) 相対ドローダウン		13.10% (160157.81)
総取引数	985 売りポジション(勝率%)	0 (0.00%)	買いポジション(勝率%)	985 (42.74%)
	勝率(%)	421 (42.74%)	負率 (%)	564 (57.26%)
	最大 勝トレード	73196.40	敗トレード	-59456.70
	平均 勝トレード	9041.67	敗トレード	-5081.55
	最大 連勝(金額)	7 (86229.20)	連敗(金額)	13 (-30617.10)
	最大 連勝(トレード数)	112432.80 (4)	連敗(トレード数)	-105933.60 (7)
	平均 連勝	2	連敗	2

②資産曲線

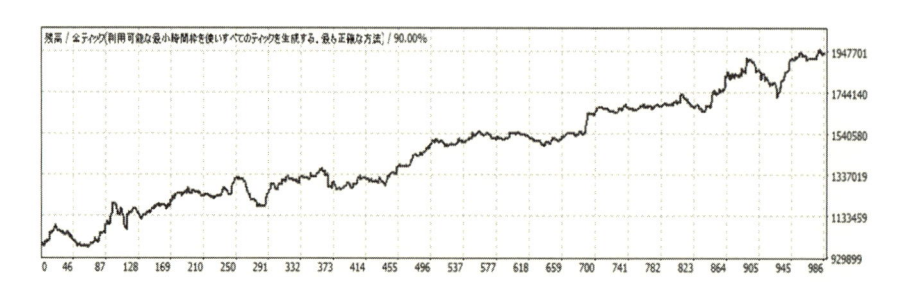

2）短評

　勝率は約43％、プロフィットファクターは1.33です。最大ドローダウンは約11％です。1位の組み合わせ（ポンド円1時間足）同様、こちらも、なだらかな右肩上がりの資産曲線になっています。

　ただ途中、ドローダウンが見られます。それほど大きな落ち込みではないのですが、一時的な資金減少が発生する不確定要素が含まれていることは事実であるため、フォワードテストである程度は確認してからこのルールを使っていきたいところです。

　フォワードテストとは、過去データを使って検証するバックテストとは異なり、リアルタイムでエントリーや決済をテスト検証していきます。もちろん実資金で検証して失敗すると資金を失ってしまうので、基本的にはデモ口座など仮想的な取引で実施することになります。

　フォワードテストの目的としてよく知られているのは、一般的には実際に各自が取引をする証券会社のスプレッドや約定速度、スリッページなどの環境で、バックテストとどのくらい差が出るのかを測ることになります。ただその他にも、要人発言や突然発生した事件などによる、突発的（一時的）な相場の動きに対する耐性をリアルタイムで確認することで、ルールの精度や自分自身がルールを使いこなすレベル（経験値）を上げることにもつながります。

　確かに、過去データから資金減少期間を特定して、その時に生じた不意の出来事を調べていく方法も、日足以上の時間足ならば、やる価値はあります。しかし1時間足以下になってくると、調べたときの突発的なイベントの発生時間や、発生に至る相場の流れ（雰囲気）などまで特定することがかなり難しくなってきます。このあたりをフォワードテストで確認しておくと、一時的にルールが合わなくなったときに、いったん相場から離れて様子見する判断ができるようになるでしょう。

第３位：ドル円　30分足

1）データ関連

①検証結果

初期証拠金	1000000.00		スプレッド		2
純益	901620.83	総利益	3953452.99	総損失	-3051832.17
プロフィットファクタ	1.30	期待利得	447.90		
絶対ドローダウン	4220.13	最大ドローダウン	196735.29 (12.54%)	相対ドローダウン	12.54% (196735.29)
総取引数	2013	売りポジション(勝率%)	0 (0.00%)	買いポジション(勝率%)	2013 (41.33%)
		勝率(%)	832 (41.33%)	負率 (%)	1181 (58.67%)
		最大 勝トレード	46202.80	敗トレード	-36497.87
		平均 勝トレード	4751.75	敗トレード	-2584.11
		最大 連勝(金額)	10 (76986.27)	連敗(金額)	10 (-30401.47)
		最大 連勝(トレード数)	76986.27 (10)	連敗(トレード数)	-44868.66 (6)
		平均 連勝	2	連敗	2

②資産曲線

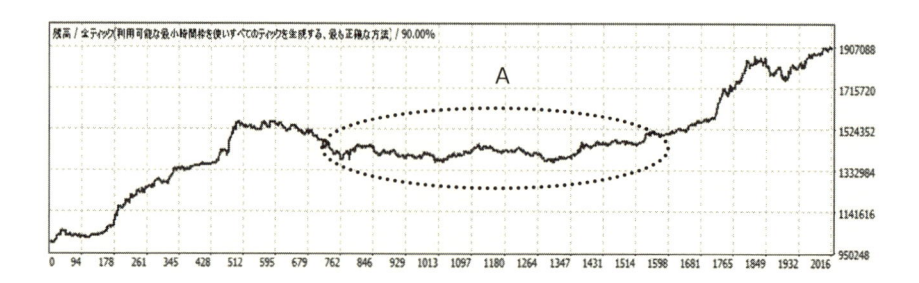

2）短評

　勝率は約41％、プロフィットファクターは1.30、最大ドローダウンは約13％です。勝率とプロフィットファクターの数字自体は、ポンド円1時間足やユーロ円1時間足と比べてそれほど変わりませんが、資産曲線を見ると、2015年2月〜2022年2月ごろ（前ページの資産曲線のA）の期間では、資金が減ったり増えたりを繰り返しています。

　今回のトレードルールは、買いでエントリーした場合、売りのエントリー条件になったら決済するという一番シンプルな決済ルールにしているため、このような結果になっていますが、もっと有利な条件で決済するルールを採用すれば、勝率やプロフィットファクター、資産曲線などは、さらに良い数字になると考えられます。

　例えば、移動平均線の種類をEMAに変えたり、オシレーター系のインジケーターを使ったりなど、相場の動きにより速く反応する条件をルールに追加する方法が考えられます。別の通貨ペアや時間足の組み合わせに対して、オシレーター系のインジケーター「RSI」を追加することでどのように結果が変わるか、第6章で実際にやってみていますので、参考にしていただければと思います。

～第2節～
単線分析
移動平均線とローソク足のクロス
～検証結果～

このルールも円ベースの通貨ペアである「ドル円」「ポンド円」「ユーロ円」それぞれの1時間足や4時間足で損益プラスとなっています。豪ドル円は1時間足のみ損益プラスでした。

移動平均線とローソク足のクロスで損益プラスとなった組み合わせ一覧表

通貨ペア	利益(円)	勝　率	損益率(%)	総取引数
ドル円 30 分足	581185.99	27.83	2.9	6959
ドル円 1 時間足	674078.47	28.91	2.9	3310
ドル円 4 時間足	461627.27	30.84	2.8	788
ドル円日足	820094.19	38.12	3.5	160
ポンドドル 4 時間足	495019.79	31.59	2.5	782
ポンド円 1 時間足	254847.80	27.21	2.8	3458
ポンド円 4 時間足	459076.99	30.18	2.7	792
ポンド円日足	965996.96	35.46	3.3	141
ユーロポンド日足	354075.00	30.23	3.0	172
ユーロ円 1 時間足	289924.31	28.52	2.7	3391
ユーロ円 4 時間足	540013.96	30.90	2.7	796
ユーロ円日足	427713.12	32.92	2.9	161
豪ドル円 1 時間足	230273.62	27.8	2.7	3422

※損益率（＝平均利益／平均損失）＝＝ペイオフレシオ

検証結果から考えると、１時間単位の時間足（１時間足や４時間足など）と円ベースの通貨ペアの組み合わせで、このルールを活用するのが良さそうです。

　対してドルストレートについては、ドル円を除くと、損益プラスになる組み合わせはポンドドル４時間足のみで、非常に少ない結果になりました。ドルストレートの通貨ペアとは相性が悪そうです。

　勝率については30%前後であるものの、損益率の多くが2.8前後の結果（相当良い）になっている点も、このトレードルールの特徴的なところだと思われます。

　このルールに関して特筆すべきことは、単純に移動平均線をローソク足がどちらかに抜けたタイミングで取引するだけの、極めてシンプルなルールにもかかわらず、円ベースの１時間足では十分な期待値があるという事実です。

　もちろん勝率が低いなど、改善ポイントはありますが、円ベースの１時間足に限って言えば、総取引数が一定以上ある（＝検証回数がそれなりに多くある）ところから、改善しなくても期待値は十分に高いと考えることができるでしょう。

　このように、それなりの期待値が求められそうなルールであれば、初心者の方が「まずはトレードに慣れる」という目的に対して使ううえで、ひとつの候補になり得るのではないでしょうか。

　なお、検証結果ベスト３の詳細は130〜135ページの通りです。

第1位：ポンド円　日足

1）データ関連

①検証結果

初期証拠金	1000000.00		スプレッド	2
純益	965996.96	総利益	2137351.00	総損失	-1171354.04
プロフィットファクタ	1.82	期待利得	6851.04		
絶対ドローダウン	2180.00	最大ドローダウン	222505.07 (10.37%)	相対ドローダウン	11.91% (137089.55)
総取引数	141	売りポジション(勝率%)	70 (32.86%)	買いポジション(勝率%)	71 (38.03%)
		勝率(%)	50 (35.46%)	負率 (%)	91 (64.54%)
		最大 勝トレード	176080.44	敗トレード	-69566.44
		平均 勝トレード	42747.02	敗トレード	-12872.02
		最大 連勝(金額)	6 (214976.88)	連敗(金額)	10 (-157321.22)
		最大 連勝(トレード数)	306813.45 (5)	連敗(トレード数)	-157321.22 (10)
		平均 連勝	2	連敗	3

②資産曲線

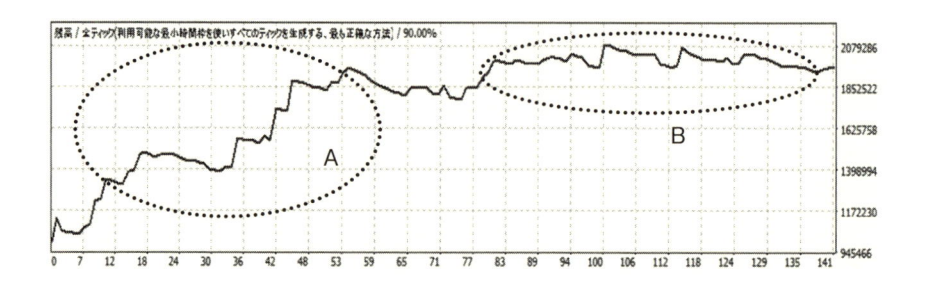

２）短評

　勝率は約35％、プロフィットファクターは1.82、最大ドローダウンは約10％という良い数字を残しています。

　ただ、資産曲線を見ると、2017年１〜２月ごろ（前ページの資産曲線のA）までは伸びているものの、それ以降の資金推移（前ページの資産曲線のB）は横ばいになっていることがわかります。このことから、初期条件（一番シンプルな仕掛け＆決済条件）でこのトレードルールを使うと、資金が伸びる時期と、増えたり減ったりを繰り返して資金が伸びない時期に分かれる可能性があるとわかります。

　トレードで結果を出しやすいルールの資産曲線には、なだらかな右肩上がりが持続する特徴が見られます。したがって、利益と損失を繰り返すことにストレスを感じる場合には、決済ルール等を改良する必要が出てきます。

　ひとつ、日足の結果である点には注意が必要です。日足ゆえに検証回数（総取引数）自体が少ないので、統計的な信用度が他の時間足よりも低い面があるのです。そのため、もっと過去データの検証期間を延ばす、フォワードテストを繰り返すなどの検証を進めていくと、さらに違う一面が出てくる可能性がある点は考慮したほうがよいでしょう。

第2位：ドル円　日足

1）データ関連

①検証結果

初期証拠金	1000000.00		スプレッド		2
純益	820094.19	総利益	1545680.85	総損失	-725586.66
プロフィット ファクタ	2.13	期待利得	5125.59		
絶対ドローダウン	3745.06	最大ドローダウン	190346.08 (10.31%)	相対ドローダウン	10.31% (190346.08)
総取引数	160	売りポジション(勝率%)	55 (25.45%)	買いポジション(勝率%)	105 (44.76%)
		勝率(%)	61 (38.12%)	負率 (%)	99 (61.88%)
		最大 勝トレード	137845.09	敗トレード	-52337.87
		平均 勝トレード	25339.03	敗トレード	-7329.16
		最大 連勝(金額)	5 (197065.93)	連敗(金額)	8 (-33722.97)
		最大 連勝(トレード数)	217888.17 (2)	連敗(トレード数)	-135880.34 (5)
		平均 連勝	2	連敗	3

②資産曲線

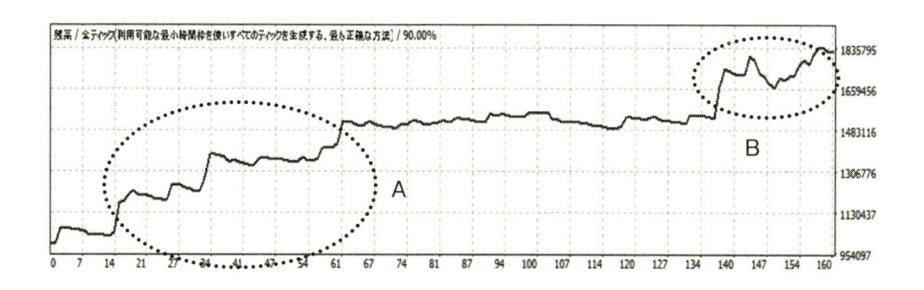

132

２）短評

　勝率は約38％、プロフィットファクターは2.13、最大ドローダウンは約10％という良い数字を残しています。最大ドローダウンは約10％

　ただ、資産曲線を見ると、2013年5月〜2016年3月ごろ（前ページの資産曲線のA）と、2022年12月〜2023年4月ごろ（前ページの資産曲線のB）では伸びているものの、それ以外の資金推移は横ばいになっています。

　このことから、初期条件（一番シンプルな仕掛けと決済条件）でこのトレードルールを使うと、資産は積み上がっていくものの、その途中では「利益になったり、損失になったりすることが多い」という事態が起こりそうだと推察できます。

　先述したように、トレードで結果を出しやすいルールの資産曲線には、「なだらかな右肩上がりが持続する」という特徴が見られます。したがって、利益と損失を繰り返すことにストレスを感じる場合には、決済ルール等を改良する必要が出てきます。

第３位：ドル円　１時間足

１）データ関連

①検証結果

初期証拠金	1000000.00		スプレッド		2
純益	674078.47	総利益	4416802.33	総損失	-3742723.86
プロフィットファクタ	1.18	期待利得	203.65		
絶対ドローダウン	32257.59	最大ドローダウン	159564.54 (11.10%)	相対ドローダウン	11.10% (159564.54)
総取引数	3310	売りポジション(勝率%)	1538 (27.44%)	買いポジション(勝率%)	1772 (30.19%)
		勝率(%)	957 (28.91%)	負率(%)	2353 (71.09%)
		最大 勝トレード	65240.96	敗トレード	-42983.60
		平均 勝トレード	4615.26	敗トレード	-1590.62
		最大 連勝(金額)	5 (10015.69)	連敗(金額)	27 (-17278.58)
		最大 連勝(トレード数)	65240.96 (1)	連敗(トレード数)	-72593.85 (14)
		平均 連勝	1	連敗	3

②資産曲線

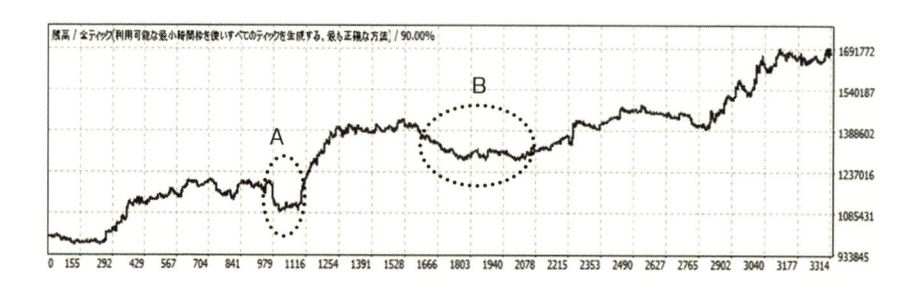

134

２）短評

　勝率は約29％、プロフィットファクターは1.18、最大ドローダウンは約11％という数字です。資産曲線を見ると、結果的には資金が増えているものの、2015年８月ごろ（前ページの資産曲線のA）に急激なドローダウンが発生していたり、2017年12月〜2019年５月ごろ（前ページの資産曲線のB）の期間については、むしろ資金が減り続ける状態となっていました。

　最大ドローダウンが大きかったり、ドローダウンが続いたりすると、どうしても心理的な恐怖感に襲われやすくなります。メンタルが不安になると、計画を無視したトレードに走り出したり、トレードルール自体に疑問を持ち始めて、適切な検証もせずにルールを放棄してしまう可能性が出てきます。つまり、一時的な相場の急変でトレードルールを変えてしまい、結果的に長期的な利益を得るチャンスを逃してしまう状況に陥るのです。

　そうならないために、例えば「ペイオフレシオに合わせた損切り幅から、許容できるドローダウンを設定する」「ボラティリティが高い相場になったときに取引回数を減らす」などの対策を考えて、さらに検証を進めていくと、より期待値の高いルールを作っていけることでしょう。

続いて、シフトなしでの「移動平均線とローソク足のクロス」の検証結果を見ていきましょう。

移動平均線とローソク足のクロス（シフトなし 20MA）で損益プラスとなった組み合わせ一覧表				
通貨ペア	利益（円）	勝　率	損益率(%)	総取引数
ドル円 30 分足	142618.21	25.20	3.0	9123
ドル円 1 時間足	443186.81	26.35	3.1	4319
ドル円 4 時間足	573237.87	28.03	3.3	1031
ドル円日足	302870.25	30.05	3.0	213
ポンドドル 4 時間足	343658.13	27.53	2.8	1057
ポンドドル日足	331080.44	31.40	2.6	207
ポンド円 1 時間足	591154.62	25.56	3.1	4488
ポンド円 4 時間足	1141038.81	29.84	3.1	1039
ポンド円日足	769786.05	32.6	3.2	190
ユーロ円 30 分足	92860.11	24.63	3.1	9391
ユーロ円 4 時間足	304608.47	27.18	3.0	1030
豪ドルドル日足	190311.41	33.02	2.3	212
豪ドル円 1 時間足	123022.19	26.68	2.8	4497
豪ドル円 4 時間足	22091.47	27.8	2.6	1090

※損益率（＝平均利益／平均損失）＝ペイオフレシオ

　傾向としては、円ベースの通貨ペアである「ドル円」「ポンド円」「豪ドル円」、それぞれの１時間足と４時間足で損益プラスとなっています。ユーロ円は４時間足のみ損益プラスとなりました。シフトの有無は、勝率含め、結果の傾向にはあまり関係なさそうです。

　勝率は25〜30%前後に対して損益率が3.0前後となっています。そのことを考慮すると、特に損小利大を徹底する必要があるルールになりそうです。

　なお、検証結果ベスト３の詳細は138〜143ページの通りです。

コラム1
テクニカル分析を最大限に生かすためのファンダメンタルズ分析

　トレード分析はさまざまですが、大きく2つに分けることができます。ひとつはファンダメンタルズ分析、もうひとつはテクニカル分析です。違いを株式投資の場合で端的にまとめると、ファンダメンタルズ分析は売買する銘柄を選定する目的、テクニカル分析は売買するタイミングを計る目的で行われるところにあります。

　FXに置き換えて考えると、テクニカル分析は株式投資と同じく売買タイミングを計る目的になりますが、ファンダメンタルズ分析は売買する通貨ペアを選定する目的となります。トレードルールにもよりますが、基本的には相場の値動き幅がないと利益を伸ばすことができないため、動きが出ている（もしくは動きが出そうな）通貨ペアを定める目的でファンダメンタルズ分析が必要となってくるのです。

　また、テクニカル分析による売買タイミングを計るとき、年単位での長期的なトレンド傾向に沿った取引をすることでトレード精度を上げるためにファンダメンタルズ分析（特に金利の動向）の情報を頭に入れておくことは重要となります。例えば、アメリカ側が「金利を上げる方向で考える」と言って、日本側が「金利は低いまま据え置き」と言ったとします。詳細は割愛しますが、一般的なファンダメンタルズ分析の考え方だと金利が高いほうに多くの投資資金が向かうと考えるので、円よりもドルの需要が高まり、長期的には円安ドル高のトレンドになると予想されます。仮にドル円でトレードする場合、このようなトレンドに合う円売りドル買いの取引だけを行うことで勝率やペイオフレシオを上げていくのです。

　最終的には売買をするので、売買タイミングを計るテクニカル分析が最も重要にはなるのですが、テクニカル分析を活かすためのファンダメンタルズ分析として、このような目的意識を持つことはとても重要だと思います。

第1位：ポンド円　4時間足

1）データ関連

①検証結果

初期証拠金	1000000.00		スプレッド		2
純益	1141038.81	総利益	4540220.10	総損失	-3399181.29
プロフィットファクタ	1.34	期待利得	1098.21		
絶対ドローダウン	13905.57	最大ドローダウン	284802.23 (12.29%)	相対ドローダウン	12.74% (152629.02)
総取引数	1039	売りポジション(勝率%)	511 (24.07%)	買いポジション(勝率%)	528 (35.42%)
		勝率(%)	310 (29.84%)	負率 (%)	729 (70.16%)
		最大 勝トレード	123757.39	敗トレード	-57930.00
		平均 勝トレード	14645.87	敗トレード	-4662.80
		最大 連勝(金額)	7 (243665.86)	連敗(金額)	19 (-79863.20)
		最大 連勝(トレード数)	243665.86 (7)	連敗(トレード数)	-100536.97 (11)
		平均 連勝	2	連敗	4

②資産曲線

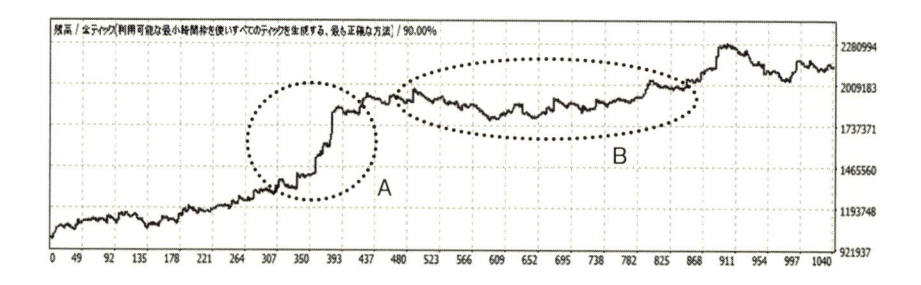

2）短評

　勝率は約30％、プロフィットファクターは1.34、最大ドローダウンは約12％という数字です。資産曲線を見ると、2013年6月〜2016年8月の期間（前ページの資産曲線のA）で大きく資金を伸ばしていることがわかります。それ以降、2016年8月ごろ〜2020年11月ごろの間（前ページの資産曲線のB）は、あまり資金変化のない期間が続いています。

　基本的に右肩上がりの資産曲線を描いていますが、途中、資産の増減が停滞している場面が見られます。ただ、初期条件（一番シンプルな仕掛けと決済の条件）に基づくトレードルールでこの結果を残せているわけですから、決済ルールの改善やトレード戦略の見直しなどを図ることができれば、さらに良い結果を求めることは可能でしょう。

　例えば、買いポジションと売りポジションの勝率を比較してみると、買いポジションのほうが高い勝率を示していることから、買いだけに絞ってトレードする戦略もひとつの有力な手段と考えられます。

　しかし、最大勝ちトレードとなっている取引は、売りポジションからの利益確定で生まれています。仮に買いポジションだけの戦略を採ったとすると、この最大勝ちトレードの利益幅が失われることになります。つまり、平均勝ちトレードと平均負けトレードの比率であるペイオフレシオの数字も変わることになるのです。この比率が各自の資金に合うバランスになるようにポジション数量を考えることも含めてトレード計画を立てていきましょう。

第2位：ポンド円　日足

1）データ関連

①検証結果

初期証拠金	1000000.00		スプレッド		2
純益	769786.05	総利益	2150403.66	総損失	-1380617.61
プロフィットファクタ	1.56	期待利得	4051.51		
絶対ドローダウン	2180.00	最大ドローダウン	308714.44 (22.09%)	相対ドローダウン	22.09% (308714.44)
総取引数	190	売りポジション(勝率%)	75 (28.00%)	買いポジション(勝率%)	115 (35.65%)
		勝率(%)	62 (32.63%)	負率(%)	128 (67.37%)
		最大 勝トレード	166253.42	敗トレード	-128121.18
		平均 勝トレード	34683.93	敗トレード	-10786.08
		最大 連勝(金額)	5 (95009.68)	連敗(金額)	8 (-67419.11)
		最大 連勝(トレード数)	190010.45 (2)	連敗(トレード数)	-207382.08 (7)
		平均 連勝	2	連敗	3

②資産曲線

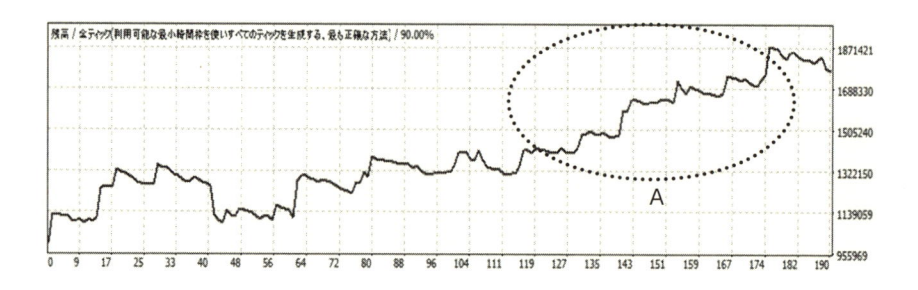

140

２）短評

　勝率は約33％、プロフィットファクターは1.56、最大ドローダウンは約22％という数字です。資産曲線を見ると、2016年5月ごろ（前ページの資産曲線のＡ）から階段状に資金が伸びていく形になっています。

　最大ドローダウンが大きいので、途中、ストレスのたまる展開になることもあるかもしれませんが、損益率は3.2という高い数字を残していますので、資産推移を受け入れながら長い目で運用できるならば、使えるトレードルールになると思われます。

　一案としては、通常の適正ポジションサイズよりも少ない数量でポジションを取りつつ、138ページで挙げているポンド円４時間足の組み合わせに対してもポジションを取る。つまり複数の戦略を同時に運用する方法を考えることができます。同じポンド円ではなく、ドル円４時間足やドル円１時間足の組み合わせで複数戦略を取り、リスク分散してみる方法を考えてもよいでしょう。

　日足という長めの時間足での運用を考えると、対策として、トレード記録を詳細につけて自分の行動を可視化することで、自分を客観視できる環境づくりを考えることもできると思われます。短い時間足でのトレードとなると、トレード頻度が高まり、記録をつける労力負担が非常に大きくなりますが、長い時間軸だとそこまで大きな負担にはならないと思います。

　最大連勝トレード数が２回に対して、最大連敗トレード数が７回となっているところも、自分の行動を可視化できる状態にしておくことで、連敗トレードが続いていることを客観視して気づくことができれば、連敗トレード数を裁量で減らすためのアクションが起こせると考えられます。

第3位：ポンド円　1時間足

1）データ関連

①検証結果

初期証拠金	1000000.00		スプレッド		2
純益	591154.62	総利益	8269922.13	総損失	-7678767.51
プロフィットファクタ	1.08	期待利得	131.72		
絶対ドローダウン	126981.36	最大ドローダウン	390643.66 (25.65%)	相対ドローダウン	26.27% (311006.68)
総取引数	4488	売りポジション(勝率%)	2088 (23.61%)	買いポジション(勝率%)	2400 (27.25%)
		勝率(%)	1147 (25.56%)	負率 (%)	3341 (74.44%)
		最大 勝トレード	81921.77	敗トレード	-43067.75
		平均 勝トレード	7210.05	敗トレード	-2298.34
		最大 連勝(金額)	5 (25196.21)	連敗(金額)	25 (-59779.44)
		最大 連勝(トレード数)	114928.75 (3)	連敗(トレード数)	-73239.11 (8)
		平均 連勝	1	連敗	4

②資産曲線

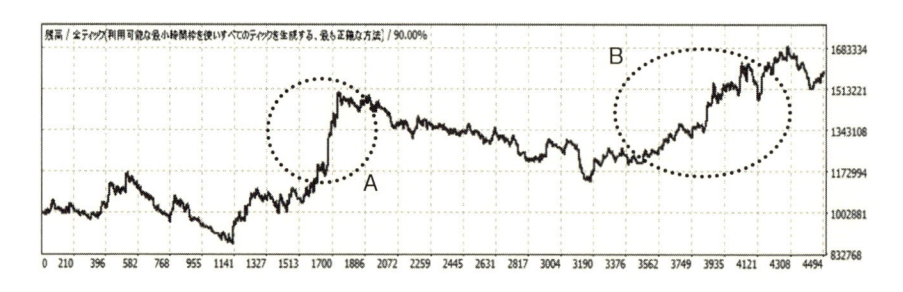

２）短評

　勝率は約26％、プロフィットファクターは1.08、最大ドローダウンは約26％という数字です。資産曲線を見ると、右肩上がりになっているところもあれば、長期にわたって右肩下がりになっているところも見受けられます。

　気になるのは、連勝数の平均が「１」に対して、連敗数の平均が「４」になっている点です。裁量でトレードする場合はメンタル面での負荷が大きくなりそうな傾向が出ています。

　このトレードルールをもっと安定的に使用するには、エントリー条件が反対になるまで待つのではなく、「どこで決済するのか」などを綿密に考える必要がありそうです。

　もう少し詳細に資金曲線を見ていくと、2016年２月ごろ～2016年９月ごろの間（前ページの資産曲線のA）と、2021年６月ごろ～2022年11月ごろの間（前ページの資産曲線のB）で資金が増え、その間（2016年10月ごろ～2021年５月ごろ）はドローダウン期間となっています。このドローダウン期間に絞ってチャートを確認しながら、ボラティリティやトレンドの強弱など、相場の特徴がないか探してみるのもよいでしょう（※2016年10月ごろ～2021年５月ごろの金利を見ると、ポンドのほうが円よりも高いので、一般的な考えであればポンド買いのほうが有利に働くところですが、実際にドローダウンが発生しているということは、何か別の要因も絡んでいると考えられるため）。

　ドローダウンを軽減する方法としては、例えば「連敗数が３回以下となった段階で、エントリーを１回見送るとどうなるか」といったアイデアなども試す価値がありそうです。

単線分析
移動平均線反発ルール
~検証結果~

本節では「移動平均線反発ルール」の結果を見ていきましょう。

移動平均線反発ルールで損益プラスとなった組み合わせ一覧表				
通貨ペア	利益(円)	勝 率	損益率(%)	総取引数
ドル円 15 分足	374247.30	29.22	2.5	11261
ドル円 30 分足	549606.66	29.83	2.6	5441
ドル円 1 時間足	753676.84	32.07	2.5	2604
ドル円 4 時間足	71602.51	29.90	2.4	622
ドル円日足	320162.99	27.56	3.5	127
ポンドドル 4 時間足	93407.25	33.65	2.0	639
ポンド円 30 分足	124645.34	29.00	2.5	5863
ポンド円 1 時間足	380522.57	29.99	2.5	2798
ポンド円 4 時間足	1027899.94	31.16	2.9	613
ポンド円日足	845996.25	33.0	3.3	109
ユーロドル 4 時間足	403351.55	32.81	2.3	643
ユーロ円 30 分足	96722.60	28.80	2.5	5796
ユーロ円 1 時間足	192891.30	30.89	2.3	2706
豪ドルドル日足	509582.99	34.56	2.9	136
豪ドル円日足	63981.42	29.37	2.6	126

※損益率 (=平均利益/平均損失) =ペイオフレシオ

損益プラスの結果は、通貨を見ると、ドル円とポンド円に多く見られる傾向があります。時間足の傾向としては、1時間足と4時間足に好成績が多い印象でしょうか。

　勝率は30％前後に対して損益率は2.5〜3と大きくなっています。これまでの他ルールの結果と似た傾向になっています。

　このルールに限りませんが、今回取り上げている移動平均線を使うルール全般に対して、さらに利幅を伸ばす方法のひとつとして、より早いタイミングで決済をかける案が挙げられます。本書で今回検証しているルールですと、ポジションを決済するタイミングは移動平均線を割ったときになりますが、移動平均線を割る前に決済することで、より多くの利益確保を試みる、という考え方です。例えば、ボリンジャーバンドの±2σまで値が動いたら決済するとか、前日や前週、前月の高値安値ラインを跨いだら決済するなどが考えられます。

　ただし、決済タイミングを早めることで、元々利幅を伸ばすことにつながっていたポジションを薄利決済してしまう可能性も出てきます。これは、通貨ペアと時間足の組み合わせによっても違いが出てくるところです。決済タイミングを早めるか、シンプルかつ機械的に処理するかについては、どちらも正解ではないとも言えますし、どちらも正解と言うこともできるのです。

　そのため、ルールを活用するときには、通貨ペアや時間足との組み合わせに対して、最もバランスが取れそうなルールに最適化していきましょう。

　なお、検証結果ベスト3の詳細は146〜151ページの通りです。

第1位：ポンド円　4時間足

1）データ関連

①検証結果

初期証拠金	1000000.00		スプレッド	2
純益	1027899.94 総利益	4285404.56 総損失		-3257504.63
プロフィット ファクタ	1.32 期待利得	1676.84		
絶対ドローダ ウン	102539.98 最大ドローダウン	332805.49 (27.05%) 相対ドローダウン		27.05% (332805.49)
総取引数	613 売りポジション(勝率%)	296 (25.34%) 買いポジション(勝率%)		317 (36.59%)
	勝率(%)	191 (31.16%) 負率 (%)		422 (68.84%)
	最大 勝トレード	154982.08 敗トレード		-91043.83
	平均 勝トレード	22436.67 敗トレード		-7719.21
	最大 連勝(金額)	6 (49029.48) 連敗(金額)		17 (-123351.38)
	最大 連勝(トレード数)	280858.47 (5) 連敗(トレード数)		-138545.89 (5)
	平均 連勝	1 連敗		3

②資産曲線

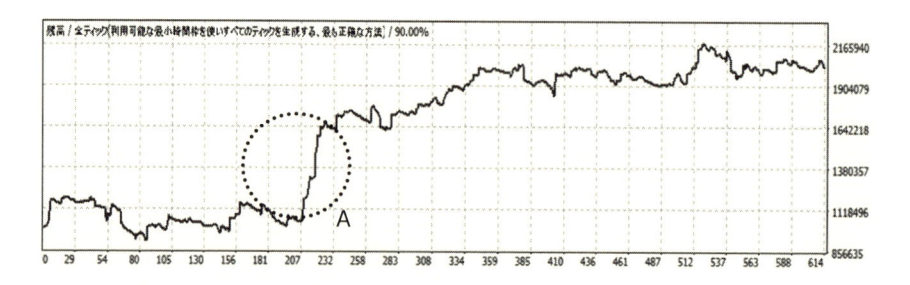

2）短評

　勝率は約31%、プロフィットファクターは1.32、最大ドローダウンは約27%という数字です。資産曲線を見ると、2015年12月～2016年11月の間（前ページの資産曲線のA）で大きく資金を伸ばした後、平坦に近いものの、右肩上がりの推移となっていることがわかります。

　損益率はまずまずですが、最大ドローダウンが大きめであることに加え、連勝数の平均が「1」であるのに対し、連敗数の平均が「3」であることを考えると、精神的に厳しいトレードになりがちな面がありそうです。

　ほかのトレードルール同様、実際に使うのであれば、決済や資金管理、トレード戦略などを練ったほうが、安定的なトレードを実現できそうです。

　例えば、移動平均線の計算期間パラメータを「20」から「10」や「40」などに変えることで、移動平均線の反応速度を変更してみるのもひとつの手段と考えられます。ポンド円の通貨ペアはボラティリティ（価格の変動率）が基本的に大きい通貨として知られています。そこで、速い動きに対応するために、パラメータを小さくすることで反応速度を上げてみたり、逆にパラメータを大きくすることで反応速度を下げてみたりすると、改善のポイントが見つかると考えられます。

第2位：ポンド円　日足

1）データ関連

①検証結果

初期証拠金	1000000.00		スプレッド	2
純益	845996.25 総利益	2156121.63 総損失		-1310125.38
プロフィットファクタ	1.65 期待利得	7761.43		
絶対ドローダウン	56954.17 最大ドローダウン	361070.32 (17.81%) 相対ドローダウン		20.23% (316608.71)
総取引数	109 売りポジション(勝率%)	51 (23.53%) 買いポジション(勝率%)		58 (41.38%)
	勝率(%)	36 (33.03%) 負率(%)		73 (66.97%)
	最大 勝トレード	244505.41 敗トレード		-112140.77
	平均 勝トレード	59892.27 敗トレード		-17946.92
	最大 連勝(金額)	3 (180081.92) 連敗(金額)		12 (-249494.58)
	最大 連勝(トレード数)	380238.73 (2) 連敗(トレード数)		-249494.58 (12)
	平均 連勝	1 連敗		3

②資産曲線

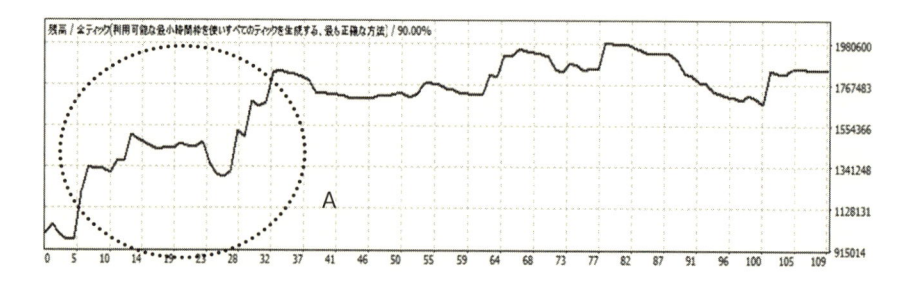

２）短評

　勝率は約33％、プロフィットファクターは1.65、最大ドローダウンは約18％という数字です。資産曲線を見ると、2017年までに大きく上がり（前ページの資産曲線のＡ）、それ以降は増減を繰り返すものの、横ばいの資金推移になっていることがわかります。

　損益率は良い数字ですが、資産曲線を見ると、右肩下がりになっている箇所も多いので、そこで精神的に耐えられるかどうかが鍵になりそうです。安定的なトレードを行うには、条件の追加などを考える必要があるでしょうか。

　例えば、日足という長期軸の時間足を考慮して、計算期間パラメータを20（５営業日×４週間）期間から40（５営業日×８週間）期間などに増やして、反応速度を遅らせるとどうなるか、検証してみるのもよいと思います。逆に20（５営業日×４週間）期間から10（５営業日×２週間）期間などに減らした場合との比較検証も、やってみる価値はあるでしょう。

　また買いポジションの勝率は41.38％と高めになっているため、トレードするときのファンダメンタルズ分析的なこと（例えば、金利など）も考慮しながら、買いエントリーに絞ってトレードする戦略も考えることができるでしょう。

第３位：ドル円　１時間足

１）データ関連

①検証結果

初期証拠金	1000000.00		スプレッド	2
純益	753676.84 総利益	4615758.33 総損失		-3862081.50
プロフィットファクタ	1.20 期待利得	289.43		
絶対ドローダウン	53162.72 最大ドローダウン	186362.48 (10.10%) 相対ドローダウン		10.10% (186362.48)
総取引数	2604 売りポジション(勝率%)	1275 (29.41%) 買いポジション(勝率%)		1329 (34.61%)
	勝率(%)	835 (32.07%) 負率 (%)		1769 (67.93%)
	最大 勝トレード	49391.71 敗トレード		-38536.58
	平均 勝トレード	5527.85 敗トレード		-2183.20
	最大 連勝(金額)	10 (36387.98) 連敗(金額)		24 (-16624.30)
	最大 連勝(トレード数)	51222.61 (2) 連敗(トレード数)		-74743.97 (7)
	平均 連勝	1 連敗		3

②資産曲線

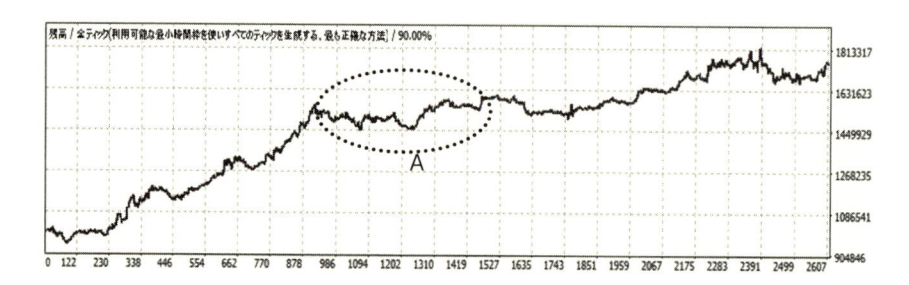

２）短評

　勝率は約32％、プロフィットファクターは1.20、最大ドローダウンは約10％という数字です。

　資産曲線を見ると、2016年半ば〜2021年１月は横ばいの資金推移になっています（前ページの資産曲線のＡ）。全体的には、なだらかな右肩上がりの資産曲線になっています。

　該当する期間で生じた出来事を確認すると、2017年１月に米国の大統領にドナルド・トランプ氏が就任し、４年後の2021年１月までの在任期間となりました。当時のトランプ大統領は、端的に言うとドル安方向の政策思想を持っていたところがあり、結果的に円高ドル安に振れる傾向が出た期間となっています。ドル安、もしくは円高思想がファンダメンタルズ分析の面から確認できるときは、「横ばいの資金曲線になる可能性がある」と見極めて、「このルール使用は控える」という判断を下してもよいかもしれません。

　また、買いポジションの勝率に対して売りポジションの勝率が低いことから、買いエントリーに絞ってトレードする戦略も考えることができるでしょう。

　最大ドローダウンはそれほど大きくはありません。このことを考えると、計算期間のパラメータを含めた条件は特に変えず、初期条件のままのトレードルールで運用しても問題はなさそうに思われます。このルールを使う時期をどのように見極めるかが、活用のポイントになりそうです。

～第4節～
移動平均線の傾きを考慮した
高値（安値）更新ルール
～検証結果～

　本節では、移動平均線の傾きを考慮した高値安値更新ルールの検証結果を見ていきましょう。

高値安値更新ルールで損益プラスとなった組み合わせ一覧表				
通貨ペア	利益(円)	勝　率	損益率(%)	総取引数
ドル円 30 分足	52839.94	35.21	1.9	3862
ドル円 1 時間足	314474.70	35.53	2.0	2432
ドル円 4 時間足	249458.57	37.63	1.8	784
ドル円日足	481385.11	33.16	3.0	187
ポンドドル 4 時間足	179917.20	34.75	2.0	849
ポンド円 1 時間足	572555.88	35.03	2.0	2966
ポンド円 4 時間足	1098537.88	37.45	2.2	833
ポンド円日足	229608.20	37.63	1.9	194
ユーロ円 1 時間足	327770.30	35.81	1.9	2731
ユーロ円 4 時間足	178284.93	36.39	1.8	830
豪ドル円 1 時間足	77080.90	35.81	1.8	2614
豪ドル円 4 時間足	165378.86	34.99	2.0	823
豪ドル円日足	191344.26	31.79	2.5	195

※損益率（＝平均利益／平均損失）＝ペイオフレシオ

時間軸を見ると、1時間足や4時間足、日足など、長めの時間足に好成績が多く見られる傾向となりました。

　通貨ペアを見ると、ドルストレートは壊滅状態となっている代わりに、円ベースとの相性が良さそうな結果となっています。

　勝率は35%前後、損益率は1.9前後の結果が多くなっています。

　さらにルールを磨いていくとしたら、まずは通貨ペアと時間足の組み合わせごとに角度設定のパラメータを探っていく流れになるでしょう。例えばポンド円とユーロドルでは価格の動き方（早さも変動幅も）に大きな差があります。今回は角度を30度に統一して検証したので、円ベースの通貨ペアと相性が良さそうな結果となりましたが、これを変えることでドルストレートの通貨ペアと相性の良い結果が出る可能性は十分に考えられます。仮に、よりなだらかな状態で反応するように、角度を小さく設定すると、エントリー回数は増えることが想定されます。エントリー回数が増えることで勝ちトレードが増えるのか、負けトレードが増えるのかを検証していくのです。逆も然りで、角度を大きく設定して、エントリー回数が減ることで、負けトレードが減る傾向となれば、より成績が改善されるかもしれません。

　また直近高値（安値）の条件を、前日や前週の高値（安値）に変えてみることで、どのような変化が起こるのか、追求していくのもよいでしょう。エントリー回数は減るかもしれませんが、勝率アップや利幅を伸ばせるポジション取り（＝ペイオフレシオの改善）につながるアイデアが見つかるかもしれません。

　なお、検証結果ベスト3の詳細は154〜159ページの通りです。

第1位：ポンド円　4時間足

1）データ関連

①検証結果

初期証拠金	1000000.00		スプレッド		2
純益	1098537.88	総利益	4772008.31	総損失	-3673470.43
プロフィットファクタ	1.30	期待利得	1318.77		
絶対ドローダウン	17341.88	最大ドローダウン	241991.85 (10.39%)	相対ドローダウン	12.21% (149614.06)
総取引数	833	売りポジション(勝率%)	411 (31.14%)	買いポジション(勝率%)	422 (43.60%)
		勝率(%)	312 (37.45%)	負率 (%)	521 (62.55%)
		最大 勝トレード	81686.10	敗トレード	-39890.00
		平均 勝トレード	15294.90	敗トレード	-7050.81
		最大 連勝(金額)	6 (105897.98)	連敗(金額)	12 (-116267.86)
		最大 連勝(トレード数)	141990.22 (4)	連敗(トレード数)	-116267.86 (12)
		平均 連勝	2	連敗	3

②資産曲線

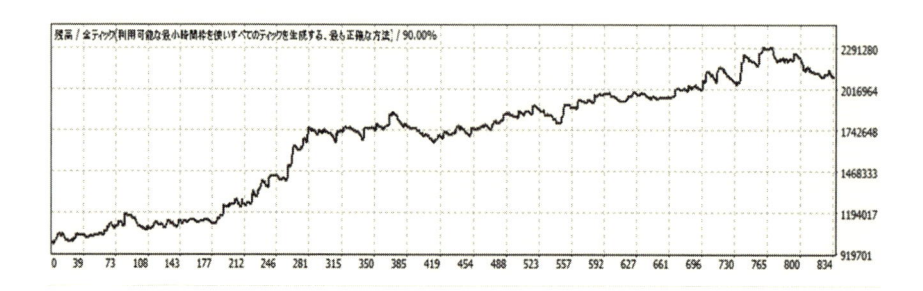

2）短評

　勝率は約37％、プロフィットファクターは1.30、最大ドローダウンは約10％という数字です。資産曲線を見ると、なだらかな右肩上がりになっていることがわかります。

　どんなトレードルールであっても、連戦連勝は不可能なので、多少のドローダウンは見られますが、損益率でも最大ドローダウンでも「連勝・連敗」でも良い数字を残しているので、初期条件（一番シンプルな仕掛けと決済条件）のままで資産を運用したとしても、大きなストレスを感じることなく、実行できるのではないかと推察できます。

　勝率を見ていくと、売りポジションの勝率が31.14％に対して買いポジションの勝率が43.60％と、大きな差が出ていることから、買いエントリーに絞ったトレード戦略は選択肢として考えることができるでしょう。

　利幅を伸ばす方向で改善を考えるならば、移動平均線を跨ぐ条件が成立する前に決済するルールを追加することも考えることができます。例えば「移動平均線からの乖離率が○○％以上になったら決済」といった条件です。もしくは、このような追加ルールに対して決済ではなく、損切りで設定されている逆指値を建値に（＝損失トレードにはならない状態に）変更して、日足や週足などの長期時間足の移動平均線を跨ぐまで決済を待って利幅を伸ばす方法なども、改善案として考えることができます。

第2位：ポンド円　1時間足

1）データ関連

①検証結果

初期証拠金	1000000.00		スプレッド	2
純益	572555.88 総利益	8174241.38	総損失	-7601685.50
プロフィットファクタ	1.08 期待利得	193.04		
絶対ドローダウン	10815.78 最大ドローダウン	306422.58 (23.00%)	相対ドローダウン	23.00% (306422.58)
総取引数	2966 売りポジション(勝率%)	1423 (32.75%)	買いポジション(勝率%)	1543 (37.14%)
	勝率(%)	1039 (35.03%)	負率 (%)	1927 (64.97%)
	最大 勝トレード	150113.25	敗トレード	-47021.74
	平均 勝トレード	7867.41	敗トレード	-3944.83
	最大 連勝(金額)	7 (100187.15)	連敗(金額)	18 (-92297.24)
	最大 連勝(トレード数)	150113.25 (1)	連敗(トレード数)	-92297.24 (18)
	平均 連勝	2	連敗	3

②資産曲線

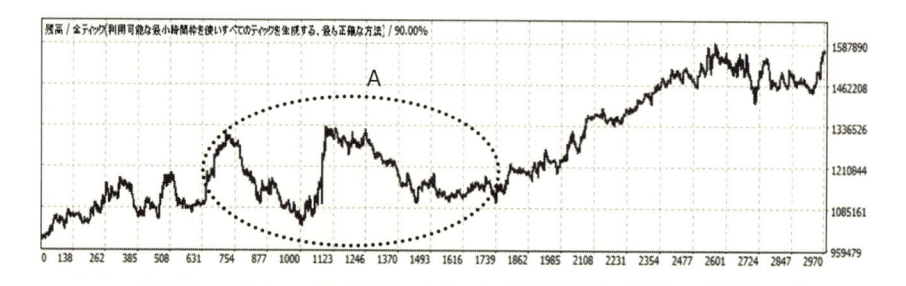

２）短評

　勝率は約35％、プロフィットファクターは1.08、最大ドローダウンは23％という数字です。資産曲線を見ると、最終的に右肩上がりになってはいるものの、上下に大きく動きながら推移している場面がある点は気になります。特に、2015年１月〜2018年末に（前ページの資産曲線のＡ）、一時的に資金が伸びて結果的にプラスマイナスゼロのような推移になったものの、基本資金が減る傾向になっていた点は注意が必要です。今後も、そのような場面が出てくる怖れはあります。

　このトレードルールで安定的に運用したいのであれば、初期条件に＋αの制約を追加する必要がありそうです。

　例えば、高値更新の基準を１本前（１時間前）のローソク足の高値ではなく、１日前（日足チャートにおける１本前のローソク足）の高値を超えたときに買いエントリーを入れる、といったイメージです。一般的にトレンドは長い時間足ほど強く働くと言われていますので、エントリー頻度は下がるかもしれませんが、より明確なトレンドに沿ったエントリーになる可能性が上がるのでは……という仮説を立てながら、ルールを磨くことができると考えられます。

第3位：ドル円　日足

1）データ関連

①検証結果

初期証拠金	1000000.00			スプレッド	2
純益	481385.11	総利益	1478901.81	総損失	-997516.70
プロフィットファクタ	1.48	期待利得	2574.25		
絶対ドローダウン	24488.29	最大ドローダウン	242132.99 (19.69%)	相対ドローダウン	19.69% (242132.99)
総取引数	187	売りポジション(勝率%)	91 (21.98%)	買いポジション(勝率%)	96 (43.75%)
		勝率(%)	62 (33.16%)	負率 (%)	125 (66.84%)
		最大 勝トレード	129826.62	敗トレード	-33884.80
		平均 勝トレード	23853.25	敗トレード	-7980.13
		最大 連勝(金額)	5 (94780.00)	連敗(金額)	9 (-76268.14)
		最大 連勝(トレード数)	186733.85 (3)	連敗(トレード数)	-76268.14 (9)
		平均 連勝	2	連敗	3

②資産曲線

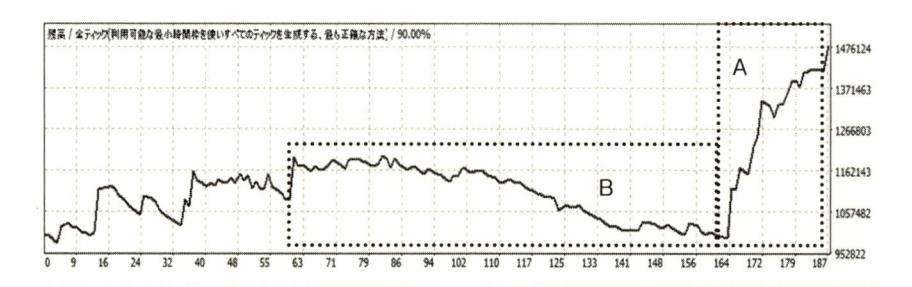

２）短評

　勝率は約33％、プロフィットファクターは1.48、最大ドローダウンは約20％という数字です。資産曲線を見ると、実質、2022年３月以降（前ページの資産曲線のA）で資金を伸ばした形になっていることがわかります。

　逆に、2022年３月までの推移（前ページの資産曲線のB）を見ると、資金が減っています。資産曲線の理想は、やはりなだらかな右肩上がりの形です。その観点から見ると、このトレードルールはいびつな形になっていて、平均的に、安定して資産を増やしていけるかどうかには疑問符が付きます。

　ただ見方を変えれば、2022年３月以降の相場とは相性が良いことになります。2022年３月以降というと、マスク規制の緩和など、コロナ騒動が落ち着き始めたころになります。それが起因しているかは定かではありませんが、2022年はドル円が151円台後半をつけた、32年ぶりの円安となった年になります。これを考慮すると、急激な動きが出ている相場で活用できるルールと考えられるのかもしれません。

　いずれにしても資産運用では、「純益（資金がいくら増えたか）」も重要ですが、精神的にきつさを感じることなくトレードできるかどうかも、同じように大切です（大きなストレスを感じるようなトレードルールだと、利益が出る前にあきらめてしまう怖れがあるため）。資産曲線を見る意味は“そこ”にあります。

～第5節～
3線分析
パーフェクトオーダールール
～検証結果～

　最後に、3線分析（パーフェクトオーダールール）の結果を見ていきましょう。

　他のルールと比べて、今まではほぼ損益プラスの結果が見られなかった5分足や15分足のように、短い時間足でプラス結果となる組み合わせが多い傾向が見られました。円ベースの通貨ペアで好成績が多い傾向は他ルールと変わらないものの、豪ドル円でも損益プラスの結果が多くなった点が、これまでとは違う傾向となっています。

　ドル円については検証したすべての時間足（6つ）で、ポンド円とユーロ円については4時間足を除くすべての時間足（5つ）で損益プラスの結果となった点も特徴的です。勝率は35％前後、損益率は1.9前後の結果が多くなる傾向となりました。

　なお、検証結果ベスト3の詳細は162～167ページの通りです。

3 線分析で損益プラスとなった組み合わせ一覧表

通貨ペア	利益(円)	勝　率	損益率(%)	総取引数
ドル円 5 分足	535690.6	36.43	1.9	9120
ドル円 15 分足	654055.75	37.88	1.9	2938
ドル円 30 分足	407619.06	38.90	1.8	1486
ドル円 1 時間足	241768.12	35.96	2.0	748
ドル円 4 時間足	382484.40	31.98	2.8	197
ドル円日足	408183.44	44.74	2.4	38
ポンドドル 15 分足	399191.28	36.10	1.9	3011
ポンドドル 30 分足	445727.77	39.09	1.7	1430
ポンドドル 1 時間足	330447.93	37.85	1.8	724
ポンド円 5 分足	730525.59	35.37	1.9	9260
ポンド円 15 分足	1271010.64	37.69	1.9	2982
ポンド円 30 分足	1309110.58	38.20	2.1	1458
ポンド円 1 時間足	1094025.28	39.2	2.0	721
ポンド円日足	100459.08	28.21	2.8	39
ユーロドル日足	419033.39	46.15	2.0	39
ユーロ円 5 分足	291955.81	35.26	1.9	9209
ユーロ円 15 分足	501053.75	36.50	1.9	3000
ユーロ円 30 分足	293331.16	37.60	1.8	1460
ユーロ円 1 時間足	124718.25	35.32	1.9	756
ユーロ円日足	67977.86	28.21	2.7	39
豪ドルドル 4 時間足	301784.43	38.71	1.9	186
豪ドル円 15 分足	276380.23	36.83	1.8	2962
豪ドル円 30 分足	342042.14	38.31	1.8	1514
豪ドル円 1 時間足	892.03	35.03	1.9	765
豪ドル円 4 時間足	29502.94	34.31	2.0	204

※損益率（＝平均利益／平均損失）＝ペイオフレシオ

第1位：ポンド円　30分足

1）データ関連

①検証結果

初期証拠金	1000000.00		スプレッド	2
純益	1309110.58	総利益	6178747.65 総損失	-4869637.07
プロフィットファクタ	1.27	期待利得	897.88	
絶対ドローダウン	5372.44	最大ドローダウン	282470.00 (17.33%) 相対ドローダウン	17.33% (282470.00)
総取引数	1458	売りポジション(勝率%)	698 (35.24%) 買いポジション(勝率%)	760 (40.92%)
		勝率(%)	557 (38.20%) 負率 (%)	901 (61.80%)
		最大 勝トレード	87765.36 敗トレード	-183330.55
		平均 勝トレード	11092.90 敗トレード	-5404.70
		最大 連勝(金額)	5 (82425.07) 連敗(金額)	14 (-52185.79)
		最大 連勝(トレード数)	107642.61 (3) 連敗(トレード数)	-183330.55 (1)
		平均 連勝	2 連敗	3

②資産曲線

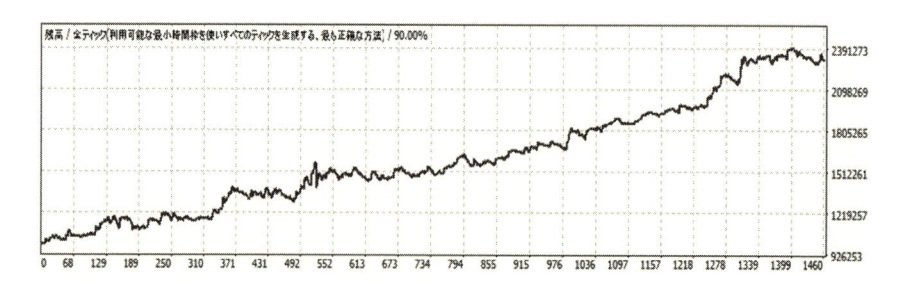

２）短評

　勝率は約38％、プロフィットファクターは1.27、最大ドローダウンは約17％です。資産曲線を見ると、きれいな右肩上がりの推移になっています。このように、ブレがなく、なだらかな右肩上がりの資産曲線を示すトレードルールは、ストレスも感じにくいため、運用しやすいと考えられます。「トレードのしやすさ」は、頭で考えている以上に重要な要素となります。

　純益はもちろん、損益率や最大ドローダウン、連勝・連敗などの項目も、許容できる範囲の数字ではないでしょうか。初期条件のまま使用しても、良いパフォーマンスが出せるトレードルールであると考えられます。

　さらに改善を検討するとしたら、勝率を少しでも上げていくことを考えたくなると思います。しかし、ここまでに挙げたすべての移動平均線ルールの結果からも察せられるように、移動平均線を活用したルールで勝つパターンは、勝率が低く、ペイオフレシオが高くなるという、損小利大で利幅を伸ばすことで結果が出る傾向があります。

　純粋に勝率だけを上げたいならば、いわゆる損大利小となる形でトレードしていけば勝率の数字自体は基本的に上がります。ただそうすると移動平均線の勝ちパターンとは相反する形になるため、無理に勝率を上げようとする必要はないと思われます。

第２位：ポンド円　15分足

1）データ関連

①検証結果

初期証拠金	1000000.00		スプレッド	2
純益	1271010.64	総利益	8595858.92 総損失	-7324848.29
プロフィットファクタ	1.17	期待利得	426.23	
絶対ドローダウン	130.00	最大ドローダウン	293669.35 (16.14%) 相対ドローダウン	16.14% (293669.35)
総取引数	2982	売りポジション(勝率%)	1455 (34.16%) 買いポジション(勝率%)	1527 (41.06%)
		勝率(%)	1124 (37.69%) 負率 (%)	1858 (62.31%)
		最大 勝トレード	67338.36 敗トレード	-74224.92
		平均 勝トレード	7647.56 敗トレード	-3942.33
		最大 連勝(金額)	6 (62324.27) 連敗(金額)	14 (-41236.52)
		最大 連勝(トレード数)	98213.18 (5) 連敗(トレード数)	-88534.92 (2)
		平均 連勝	2 連敗	3

②資産曲線

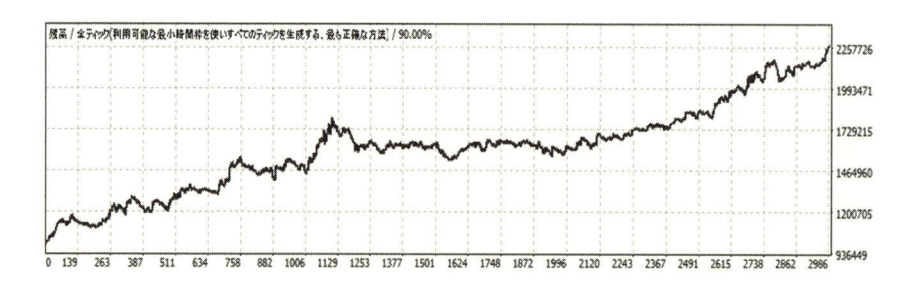

２）短評

　勝率は約38％、プロフィットファクターは1.17、最大ドローダウンは約16％です。資産曲線を見ると、途中、増えたり減ったりを繰り返す場面は見られるものの、ポンド円30分足と同じく、きれいな右肩上がりの推移となっています。

　このトレードルールも、初期条件のまま使用しても、大きな問題はないと考えられます。

　改善を狙うとしたらペイオフレシオになるでしょうか。現状だとペイオフレシオは約1.9（＝7647.56/3942.33）となっています。ペイオフレシオを改善する方法はさまざまですが、例えば、良いペイオフレシオになるよう利益目標とストップロス幅をあらかじめ決めておく方法があります。実際に固定pipsで決済するとしたら何pipsが良いか、何pipsのストップロス幅が最適になるかなどを探る流れについては、時間足は異なりますが、本書の第6章と第7章で実際にやっておりますので参考にしてください。

　また、今回の検証ではロット数は固定としています。もし複数ポジションを持っているならば、利益確定を複数回に分けることで利益額を伸ばして（損切り確定を複数回に分けることで損失幅を縮めて）ペイオフレシオの改善を狙うことを考えてもよいでしょう。

第3位：ポンド円　1時間足

1）データ関連

①検証結果

初期証拠金	1000000.00		スプレッド	2
純益	1094025.28	総利益	4520920.99 総損失	-3426895.71
プロフィットファクタ	1.32	期待利得	1517.37	
絶対ドローダウン	8014.88	最大ドローダウン	284702.66 (16.10%) 相対ドローダウン	16.10% (284702.66)
総取引数	721	売りポジション(勝率%)	351 (34.76%) 買いポジション(勝率%)	370 (43.51%)
		勝率(%)	283 (39.25%) 負率 (%)	438 (60.75%)
		最大 勝トレード	111314.12 敗トレード	-178562.74
		平均 勝トレード	15974.99 敗トレード	-7823.96
		最大 連勝(金額)	7 (288784.89) 連敗(金額)	13 (-51530.83)
		最大 連勝(トレード数)	288784.89 (7) 連敗(トレード数)	-211972.50 (3)
		平均 連勝	2 連敗	3

②資産曲線

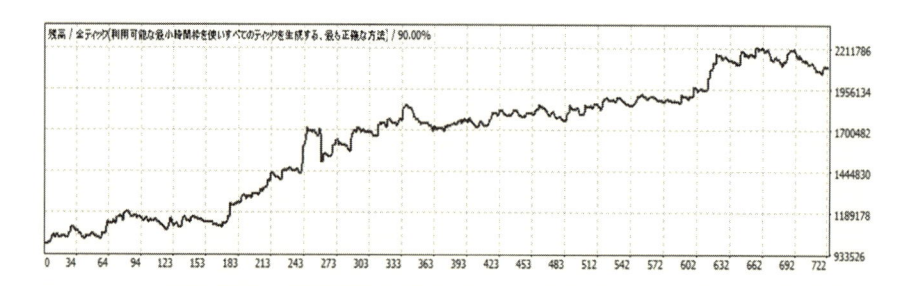

2）短評

　勝率は約39％、プロフィットファクターは1.32、最大ドローダウンは約16％という数字です。資産曲線を見ると、こちらも、右肩上がりで推移していることがわかります。

　途中、大きくブレる場面も見受けられますが、このトレードルールもほかのパーフェクトオーダーのルール同様、初期条件のまま使用しても良いパフォーマンスが得られるのではないかと推察できます。

　改善するとしたら、165ページと同じく、ペイオフレシオになると考えられます。例えばエントリーは1時間足で行いつつも、決済は1時間足以外の時間足を見る、マルチタイムフレームで判断していく戦略なども考えることができます。現状、利益確定タイミングは1時間足でのパーフェクトオーダー崩れとなりますが、これを30分足などの短い時間足でパーフェクトオーダー崩れが出たタイミングで利益確定するのです。もちろん、逆に日足などの長い時間足でパーフェクトオーダー崩れが出たタイミングでの利益確定としたほうが良い結果になる可能性も十分にありますので、時間足の長短はどちらでもよいのですが、「エントリー時の時間足と異なる時間足で判断する」ことで、「どのように結果が変化するか」については、検証の深掘りをする価値はあるでしょう。

まとめ

それぞれの結果を見てきました。移動平均線を使ってトレードした場合の全体的な傾向として言える特徴や傾向を以下にまとめます。

1）移動平均線を使ったトレードの特徴

以下のような特徴が見られます。

◎損益がプラスでも勝率は低め（30～40％前後）になる

◎損益率（ペイオフレシオ）は1.7～2.4くらいが基準。損小利大のトレードプランになる

◎円ベースの通貨ペアと相性が良く、ドルストレートは相性が悪い（特にドル円、ポンド円との相性が良い）

◎3線分析は15分足でも使えるが、基本的には、短い時間足（5分足など）よりも、30分足や1時間足、4時間足くらいの時間軸で好成績が出やすい

なお、全体を通して言えることですが、日足のように時間足が長くなるほど、検証するローソク足の数は減ります。つまり、ルールを検証する回数（＝取引回数）が少なくなるのです。実際、日足の検証結果はどの組み合わせでも取引回数が100回を下回る結果が多くなって

いるため、利益額が大きくても、あくまでも参考レベルに留めておいたほうがよいと考えられます。

　また、利益額が小さい組み合わせでも、特定の時期に大きく利益が伸びている可能性や、同様に、特定の時期に損失が広がることが原因で利益額が小さくなっている可能性もあります。大きく利益が伸びる時期だけ限定して活用することで、トータルで好成績だった組み合わせよりも高いパフォーマンスを出せる可能性があるので、ご興味ある方はさらに検証結果を深掘りしてみてください。

２）利益額の多かった組み合わせ

　最後に全体を通して、最も損益額が多くなった組み合わせをまとめます。

	トレードルール	通貨ペア	時間軸	純　益	勝　率	取引数
第1位	２線分析	ポンド円	1時間足	1336596.75	43.06%	994
第2位	３線分析	ポンド円	30分足	1309110.58	38.20%	1458
第3位	３線分析	ポンド円	15分足	1271010.64	37.69%	2982

　通貨ペアとしてはポンド円が上位を占め、第２位と第３位はパーフェクトオーダールールが占める形となりました。次章では1位と2位の組み合わせに対して、さらにトレードの精度を上げる方法を検証していきたいと思います。

コラム2　ルールを信じすぎない

　この章で勝てる期待値の高いルールと通貨ペア、時間足の組み合わせは見つかりました。ただこれはあくまでも過去データ（しかも特定の証券会社が一般公開してくれているデータ）の範疇における検証結果にすぎません。

　実際に取引をするときに使う証券会社は、ひとりひとりバラバラです。さらに日本に限って言えば、FX証券会社の多くが相対取引の方式（DD方式）を取っています。相対取引が持つ特徴についてはネットで調べればたくさん出てくるので、詳細は割愛しますが、端的に言うと「各社のレートが理論上、完全に一致しなくても成立する取引」になります。つまり、今回検証に使った過去データと、あなたが使う証券会社の過去データがまったく同じである保証はないのです。

　そのため、実際に取引してみると検証結果に沿った損益推移にならない可能性があります。したがって、今回の結果も含めて、**過去データでの検証結果は「必ず勝てるもの」ではなく、あくまでも「勝てる期待値が高いもの」と理解**してください。期待値が高いことがわかったうえで、実際にあなたが取引する証券会社の環境でどういう動きになるか確認する、いわゆるフォワードテストも必ずやってから、実際のトレードに入っていきましょう。

第6章

移動平均線を活用したルールの「損失」を最小限にする

～第1節～
何 pips の逆指値が最適なのか？

　前章で、どのルールと通貨ペア、時間足を組み合わせるのがよい
か、明確になってきました。ここからは、さらに純益を伸ばすために
何ができるか考えていきます。純益を伸ばすためには、利益幅を増や
すか、損失を減らすかのいずれかになります。まずは損失を減らすた
めにできることから考えてみましょう。

　前章までは、決済タイミングを「エントリールールと逆条件になった
とき」としていました。しかしそれでは、明らかに損切りしてもよい水
準まで価格が動いても、逆条件が成立するまでポジションを持ち続ける
ことになってしまいます。そのため、ここでは逆指値、いわゆる損切り
幅を決めることで損失幅を減らせるか、検証してみたいと思います。

　以下の組み合わせに対して、逆指値を何pipsにすればよいか考えて
みましょう。

トレードルール	通貨ペア	時間軸	純益(円)	勝　率	取引数
2線分析 (移動平均線のクロストレード)	ポンド円	1時間足	1336596.75	43.06%	994
3線分析 (パーフェクトオーダー)	ポンド円	30分足	1309110.58	38.2%	1458

検証範囲	逆指値 pips	10 ～ 300(10pips 刻み)

1）2線分析：ポンド円1時間足に対する最適逆指値

	損切り幅	純益（円）	取引数
第1位	120	1211812.21	1078
第2位	160	1160619.64	1030
第3位	90	1160495.91	1152

利益を最大化することは難しそうですが、損切り幅としては、80～120pips幅の組み合わせが良さそうな結果となりました。逆指値を設定していない（＝保険をかけていない）と精神的に不安な方は80～120pips幅での損切りを検討するのが良さそうです。

◆2線分析：ポンド円1時間足に対する最適逆指値

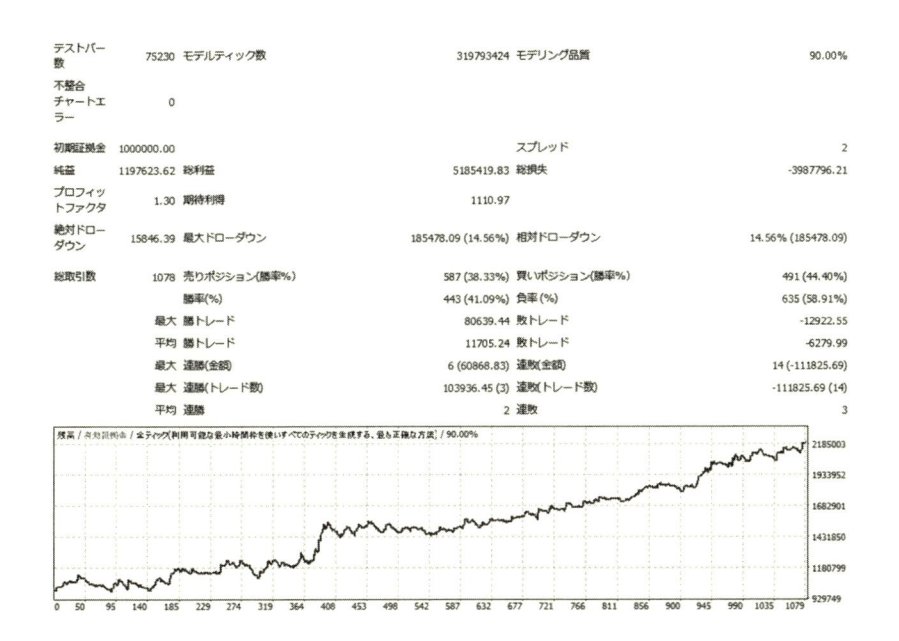

２）３線分析：ポンド円30分足に対する最適逆指値

	損切り幅	純益(円)	取引数
第1位	60	1445904.66	2141
第2位	30	1444972.06	3345
第3位	50	1437935.98	2391

　３線分析では、逆指値50～60pipsの組み合わせが好成績となりました。ただし、勝率は２線分析のルールと比べて低い傾向にあります。勝率を取るか、損切り幅を小さくするか、個人の性格に応じてどちらのルールを主軸にするのかを考える必要がありそうです。

◆３線分析：ポンド円30分足に対する最適逆指値

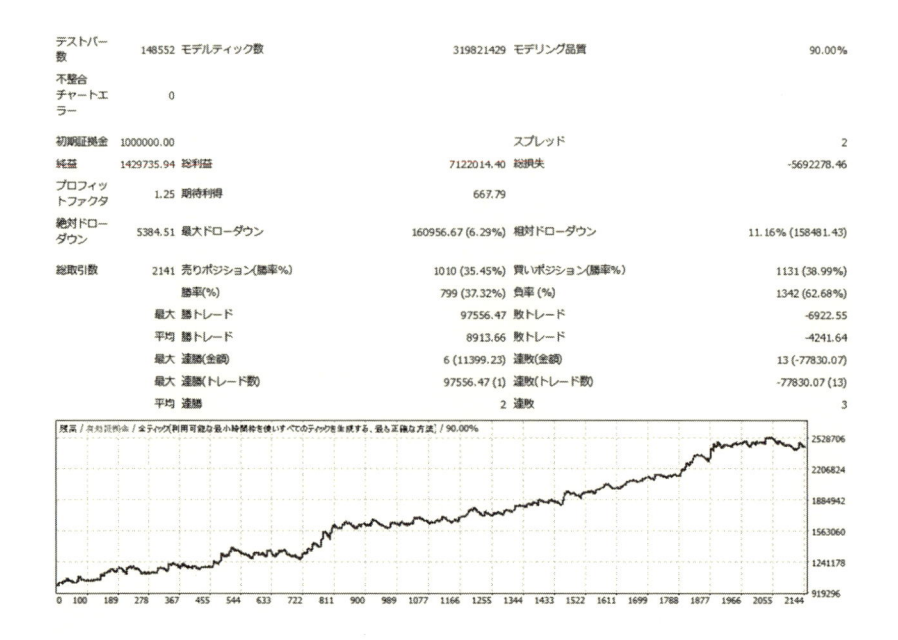

デストバー数	148552	モデルティック数	319821429	モデリング品質	90.00%
不整合チャートエラー	0				
初期証拠金	1000000.00			スプレッド	2
純益	1429735.94	総利益	7122014.40	総損失	-5692278.46
プロフィットファクタ	1.25	期待利得	667.79		
絶対ドローダウン	5384.51	最大ドローダウン	160956.67 (6.29%)	相対ドローダウン	11.16% (158481.43)
総取引数	2141	売りポジション(勝率%)	1010 (35.45%)	買いポジション(勝率%)	1131 (38.99%)
		勝率(%)	799 (37.32%)	負率 (%)	1342 (62.68%)
		最大 勝トレード	97556.47	敗トレード	-6922.55
		平均 勝トレード	8913.66	敗トレード	-4241.64
		最大 連勝(金額)	6 (11399.23)	連敗(金額)	13 (-77830.07)
		最大 連勝(トレード数)	97556.47 (1)	連敗(トレード数)	-77830.07 (13)
		平均 連勝	2	連敗	3

～第2節～
別条件のルールを入れる

　次に、別条件を追加することで、損失を最小限に抑えられないか、考えていきましょう。追加できる条件は無限大にあり、すべてを本書で実施するのは現実的ではないため、特に一般的に知られているものをピックアップして検証したいと思います。

　今回はRSIを用いたルールを追加した場合、それぞれのルールに対する結果がどのように変化するか、見ていきたいと思います。

　ここで、RSIについて詳しく知らない方もいらっしゃると思いますので、簡単に説明しておきます。RSIとは、「Relative Strength Index（相対力指数）」の略で、0～100％の数字で表されます。要するに「買われすぎか、売られすぎか」を判断する指標として使われています。こうした判断基準で使われる指標はオシレーター系指標と呼ばれています。

　余談ですが、オシレーター系指標に対する指標は「トレンド系指標」と呼ばれています。本書で扱っている移動平均線がトレンド系指標の代表的なものとなります。

　本書のテーマはオシレーター系指標ではないので、詳細はまた改めたいと思いますが、ひとつだけ知っておいていただきたい特徴があります。それは、オシレーター系指標には、トレンド系指標に先回りして値

動きの変化に反応しやすい特徴がある、ということです。言い換えれば、移動平均線は相場転換に対する反応が遅いということです（遅行性）。このような特徴に対して、「移動平均線の反応の遅さをRSIで補えるか？」という視点で検証を進めてみることにしました。

RSIでの「買われすぎ、売られすぎ」の判断基準は、一般的に70〜80％以上だと「買われすぎ」、20〜30％以下で「売られすぎ」となります。今回は「70％を超えたら買われすぎ、30％を下回ったら売られすぎ」と定義し、「RSIが30を切ったときに、買い注文を損切りする」「RSIが70を上回ったときに、売り注文を損切りする」という形で、決済ルールに対して条件を追加してみます。

なお、エントリー精度を上げる視点で、例えば「RSIが30を切っているときに、買い注文を入れる」といった条件を追加する方向も考えられます。

しかし、先ほどの特徴でも触れた通り、相場に対する反応速度は、移動平均線よりもRSIのほうが早くなります。そのため、移動平均線のルールが成立するころには、RSI自体の条件が成立してからすでに時間が経過している、例えば50付近まで来ている状態（買われすぎでも、売られすぎでもない状態）になっているため、（RSIの）エントリールール自体が成立しなくなります。

そこで、本書では決済ルール側にのみ条件を追加し、損失を減らせるか試みました。

RSI の期間	14

1）２線分析：ポンド円１時間足に対する結果

　純益が半分に減り、勝率も下がってしまいました。最大ドローダウンも条件追加前と大きな差はなく、条件を追加したことによって、逆に本来利幅を伸ばせるはずのポジションが途中で決済されてしまった可能性が考えられます。一般的に、オシレーター系指標はトレンド系指標と組み合わせて使うことが勧められていますが、このルール（ポンド円１時間足の２線分析）に限っては、「トレンド系とオシレーター系を組み合わせても相性が良くない」という結果になりました。

◆２線分析：ポンド円１時間足に対する結果

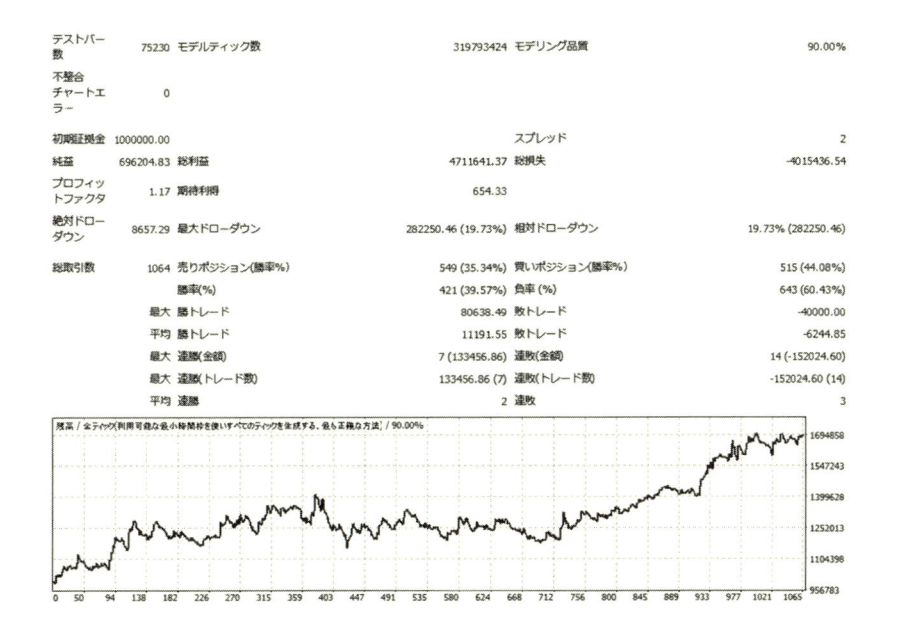

テストバー数	75230	モデルティック数	319793424	モデリング品質	90.00%
不整合チャートエラー	0				
初期証拠金	1000000.00			スプレッド	2
純益	696204.83	総利益	4711641.37	総損失	-4015436.54
プロフィットファクタ	1.17	期待利得	654.33		
絶対ドローダウン	8657.29	最大ドローダウン	282250.46 (19.73%)	相対ドローダウン	19.73% (282250.46)
総取引数	1064	売りポジション(勝率%)	549 (35.34%)	買いポジション(勝率%)	515 (44.08%)
		勝率(%)	421 (39.57%)	負率 (%)	643 (60.43%)
		最大 勝トレード	80638.49	敗トレード	-40000.00
		平均 勝トレード	11191.55	敗トレード	-6244.85
		最大 連勝(金額)	7 (133456.86)	連敗(金額)	14 (-152024.60)
		最大 連勝(トレード数)	133456.86 (7)	連敗(トレード数)	-152024.60 (14)
		平均 連勝	2	連敗	3

２）３線分析：ポンド円30分足に対する結果

　先ほどの検証結果と比べて、３線分析においても、純益はそこまで大きく減ることはありませんでした。勝率アップや最大ドローダウンが下がるなどの傾向も見られるなど、先ほどの２線分析に比べれば、条件を追加したことによる改善が見える結果となりました。

◆３線分析：ポンド円30分足に対する結果

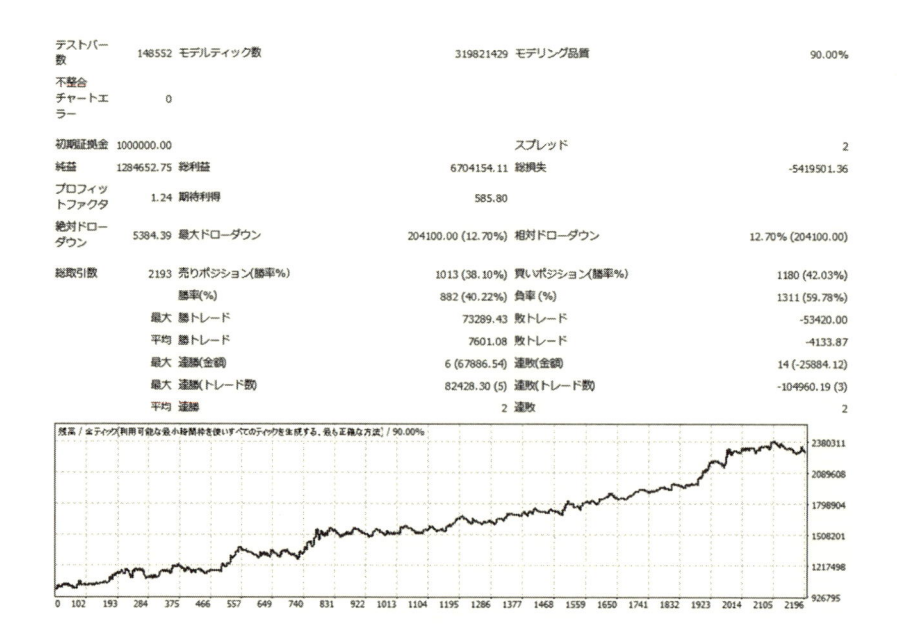

テストバー数	148552	モデルティック数	319821429	モデリング品質	90.00%
不整合チャートエラー	0				
初期証拠金	1000000.00			スプレッド	2
純益	1284652.75	総利益	6704154.11	総損失	-5419501.36
プロフィットファクタ	1.24	期待利得	585.80		
絶対ドローダウン	5384.39	最大ドローダウン	204100.00 (12.70%)	相対ドローダウン	12.70% (204100.00)
総取引数	2193	売りポジション(勝率%)	1013 (38.10%)	買いポジション(勝率%)	1180 (42.03%)
		勝率(%)	882 (40.22%)	負率 (%)	1311 (59.78%)
		最大 勝トレード	73289.43	敗トレード	-53420.00
		平均 勝トレード	7601.08	敗トレード	-4133.87
		最大 連勝(金額)	6 (67886.54)	連敗(金額)	14 (-25884.12)
		最大 連勝(トレード数)	82428.30 (5)	連敗(トレード数)	-104960.19 (3)
		平均 連勝	2	連敗	2

一般的な感覚ですと、「インジケーターを組み合わせて使うことでトレードの精度は上がるイメージを持ちがちですが、必ずしもそうではない場合もあり得る」という結果になりました。

　勝てるトレーダーが使っているインジケーターは意外とシンプルであることが多いのですが、ある意味、それを裏付ける検証結果とも言えるかもしれません。

　また、先にも触れたように、今回は「RSI」という、移動平均線よりも反応速度が早い指標を用いたため、エントリー側に条件を追加することができませんでした。

　そのため、エントリー側のルールに対して別指標の条件を追加することには検討の余地があると思われます。

　例えば、MACDと組み合わせることで、単純移動平均線より少し早いタイミングを捉えてエントリーすることでエントリータイミングが改善される可能性は十分に考えられます。

　しかし、逆にエントリータイミングが早すぎて損切り条件に引っ掛かりやすくなる可能性も同時に考えられます。気になる方は確認してみていただければと思います。

損失を減らす施策のひとつとして、複数の時間足チャートを参考に判断してエントリー精度を上げる、いわゆる「マルチタイムフレーム」で判定する方法が考えられます。

今回は日足で見たときに、上昇トレンドモードに入っている場合のみ買いエントリーする（下降トレンドモードに入っている場合のみ売りエントリーする）という条件でトレードした場合、実際のところ、どのような結果になるかを検証してみました。

具体的には、１本前のローソク足の終値（＝前日終値）と日足における移動平均値の位置関係でトレンドモードを判断します。２線分析の買いエントリーの場合は「長期ＭＡ＜短期ＭＡ＜終値」、売りの場合は「終値＜短期ＭＡ＜長期ＭＡ」の位置関係にそれぞれなっているとき、３線分析の買いエントリーの場合は「長期ＭＡ＜中期ＭＡ＜短期ＭＡ」、売りエントリーの場合は「短期ＭＡ＜中期ＭＡ＜長期ＭＡ」となっているときにエントリーを実施します。

2線分析(移動平均線のクロス)	買いエントリー	長期ＭＡ＜短期ＭＡ＜終値
3線分析(パーフェクトオーダー)	買いエントリー	長期ＭＡ＜中期ＭＡ＜短期ＭＡ

1） 2線分析：ポンド円1時間足に対する結果

　エントリー回数が減ったのに伴い、純益も減る結果となりました。勝率もそこまで大きくは改善していないことから、このルールの組み合わせに限っては、複数の時間足チャートを参考にしても、必ずしもエントリー精度が上がるわけではないという結果になりました。

◆2線分析：ポンド円1時間足に対する結果

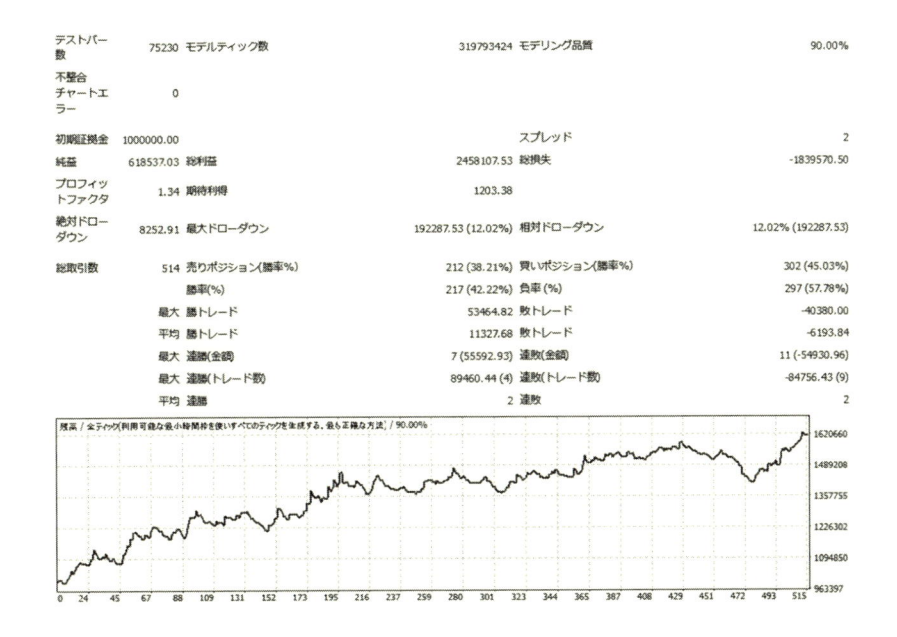

テストバー数	75230	モデルティック数		319793424	モデリング品質		90.00%
不整合チャートエラー	0						
初期証拠金	1000000.00				スプレッド		2
純益	618537.03	総利益		2458107.53	総損失		-1839570.50
プロフィットファクタ	1.34	期待利得		1203.38			
絶対ドローダウン	8252.91	最大ドローダウン		192287.53 (12.02%)	相対ドローダウン		12.02% (192287.53)
総取引数	514	売りポジション(勝率%)		212 (38.21%)	買いポジション(勝率%)		302 (45.03%)
		勝率(%)		217 (42.22%)	負率 (%)		297 (57.78%)
		最大 勝トレード		53464.82	敗トレード		-40380.00
		平均 勝トレード		11327.68	敗トレード		-6193.84
		最大 連勝(金額)		7 (55592.93)	連敗(金額)		11 (-54930.96)
		最大 連勝(トレード数)		89460.44 (4)	連敗(トレード数)		-84756.43 (9)
		平均 連勝		2	連敗		2

２）３線分析：ポンド円30分足に対する結果

　続いて、ポンド円30分足に対して、日足でも条件判定したときの３線分析の結果を見てみましょう。

　若干ですが、勝率は上がりました。ただ、エントリー回数を絞り込んだ分の純益の減り方と勝率を比較すると、どちらを優先するかは人それぞれになりそう、といった印象です。

◆３線分析：ポンド円30分足に対する結果

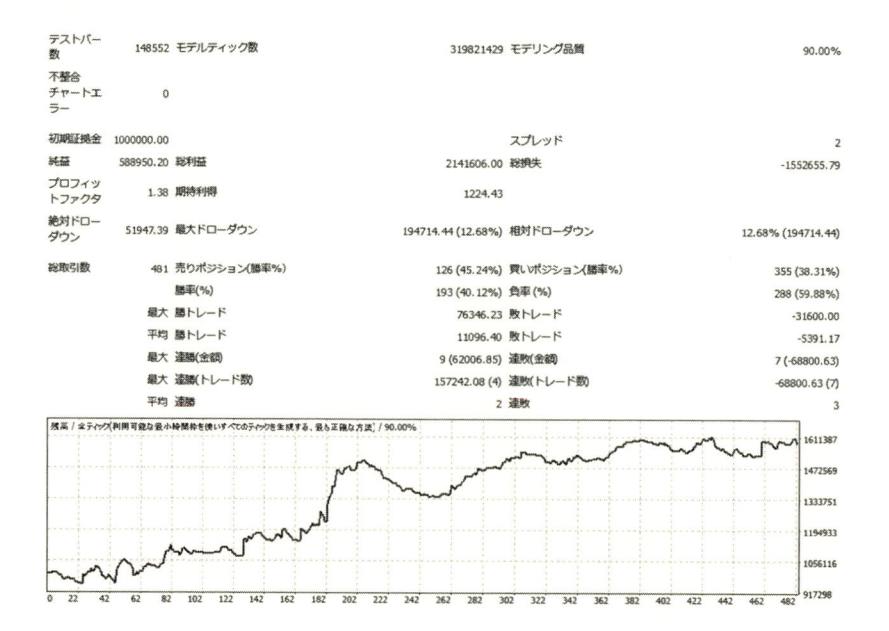

テストバー数	148552	モデルティック数		319821429	モデリング品質		90.00%
不整合チャートエラー	0						
初期証拠金	1000000.00				スプレッド		2
純益	588950.20	総利益		2141606.00	総損失		-1552655.79
プロフィットファクタ	1.38	期待利得		1224.43			
絶対ドローダウン	51947.39	最大ドローダウン	194714.44 (12.68%)		相対ドローダウン		12.68% (194714.44)
総取引数	481	売りポジション(勝率%)		126 (45.24%)	買いポジション(勝率%)		355 (38.31%)
		勝率(%)		193 (40.12%)	負率(%)		288 (59.88%)
		最大 勝トレード		76346.23	敗トレード		-31600.00
		平均 勝トレード		11096.40	敗トレード		-5391.17
		最大 連勝(金額)		9 (62006.85)	連敗(金額)		7 (-68800.63)
		最大 連勝(トレード数)		157242.08 (4)	連敗(トレード数)		-68800.63 (7)
		平均 連勝		2	連敗		3

第7章

移動平均線を活用したルールの「利幅」を伸ばす

～第1節～
最適パラメータを探す

　前章では損失幅を小さくするためにできることを考え、実際に検証をしてきました。本章では「いかに利幅を伸ばすか？」について、その手段を検証しながら考えていきます。

　移動平均線の計算期間について、前章までは固定値で検証を進めてきました。しかし時間足によっては、その固定値が適切ではないことも考えられます。例えば、移動平均線でよく用いられる「20」という期間は、株式市場が開いている平日5日間×4週間（≒1カ月）で20日となることから考えられていると思われますが、これが1時間足となると話が変わってくる可能性も出てくるのです。

　そのため、利益を最大化できる移動平均線の計算期間を考えてみる価値はあると考えられます。今回は、以下の計算期間の範囲で検証してみました。

◆検証期間

短期MA	10 ～ 200（5pips刻み）
長期MA	10 ～ 200（5pips刻み）

1） 2線分析：ポンド円1時間足に対する最適パラメータ

	短期 MA	長期 MA	純益（円）	取引数
第1位	10	60	1558438.69	838
第2位	20	30	1466112.76	1412
第3位	10	125	1438036.05	519

　長期MAのパラメータには特徴的な傾向は見られなかったものの、短期MAのパラメータとして「10」が好成績になる傾向が見られました。ただ純益を伸ばす観点で見ると、そこまで大きく利益幅が伸びるわけでもない印象です。勝率も落ちているため、パラメータを変えることが必ずしも良い方向に行くとは限らないと言えそうです。

◆2線分析：ポンド円1時間足に対する最適パラメータ

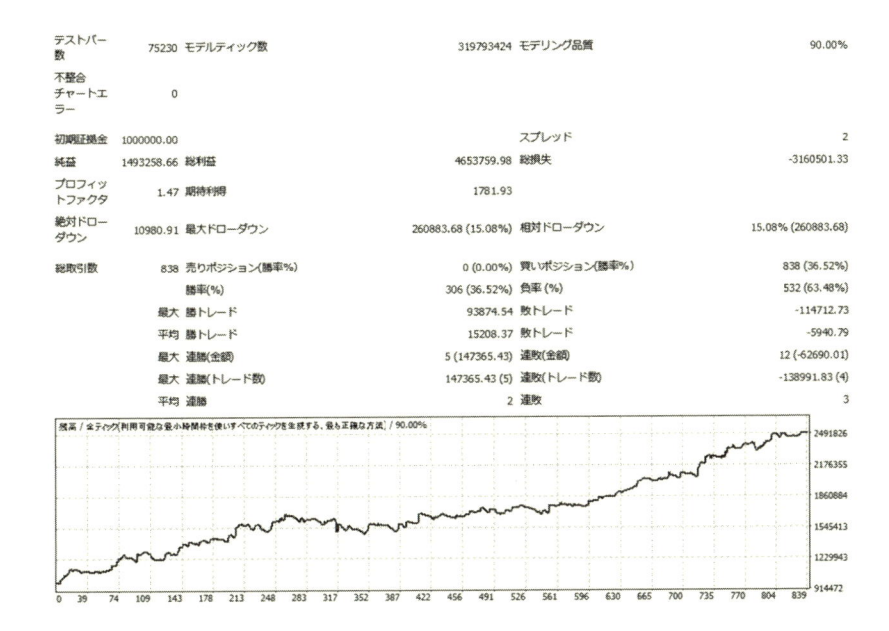

2) 3線分析：ポンド円30分足に対する最適パラメータ

　続いて、3線分析にて、ポンド円30分足に対しての最適パラメータを検証していきましょう。

	短期 MA	中期 MA	長期 MA	純益（円）	取引数
第1位	35	55	130	1829882.48	2002
第2位	35	55	105	1808577.08	2107
第3位	30	50	125	1787929.36	2146

◆3線分析：ポンド円30分足に対する最適パラメータ

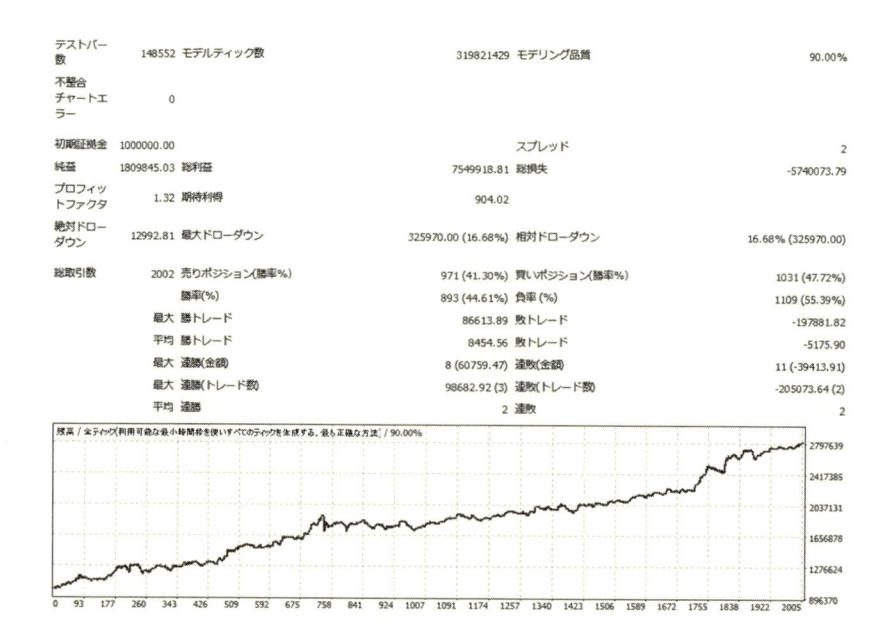

好成績となった組み合わせを見ていくと、短期MAが「30」前後のもの、中期MAが「50」前後のもの、長期MAが「115〜135」あたりだと、好成績になる傾向が見られました。純益も勝率も良くなっていること、元々25日移動平均線、75日移動平均線、200日移動平均線が一般的に使われているところからそれぞれのパラメータが使われてきたことなどを考えると、日足ではなく30分足に合うパラメータとしての採用には、十分に検討価値があると考えられます。

　ただ、これらの検証で最大限に注意が必要なことは、（これらのパラメータは）見方によっては過去のチャートに都合よく合わせられただけのものである可能性がある点です。言い換えれば「カーブフィッティング」しているだけで、これらのパラメータが未来のチャートでも同じように適合する保証はまったくない可能性があるということです。このルールを採用するかどうかは、デモトレード等でフォワードテストを行ったうえで検討しましょう。

何 pips まで持ち続けてもいいのか？

　トレードをしているときに、「まだ上がるのか？」「もう利確したほうがよいのか？」など、何pipsくらいで利確（損切り）をすればいいかで悩んだ経験のある方は多いと思います。

　未来の相場がどうなるかは誰にもわからない世界なので、明確なことは言えませんが、大枠でもよいので決済基準があると、トレード時のメンタル安定化に大きく寄与するのではないでしょうか？

　そこで本節では、過去のデータから考えたときに、「実際、どのくらいの水準で利益確定（損切り）するのがよいか」について、以下の条件で検証してみました。

◆検証範囲

指値 pips	10 〜 300（10pips 刻み）
逆指値 pips	10 〜 300（10pips 刻み）

1） 2線分析：ポンド円1時間足に対する最適利確＆損切り

	利確幅	損切り幅	純益(円)	取引数
第1位	230	70	1189491.36	1359
第2位	300	90	1176448.75	1216
第3位	300	70	1145125.07	1313

　利益確定幅としては200〜300pips水準、損切り幅としては70pipsあたりの組み合わせに好成績が集まる傾向となりました。ただ純益や勝率は落ちる傾向になっています。ルールを扱う人によってどちらを取るほうがよいかは変わる様相です。トレード時に含み益（含み損）が気になってしまうようならば、純益や勝率が落ちたとしても、決済水準がある程度定まっているほうがトレードはしやすくなります。

◆2線分析：ポンド円1時間足に対する最適利確＆損切り

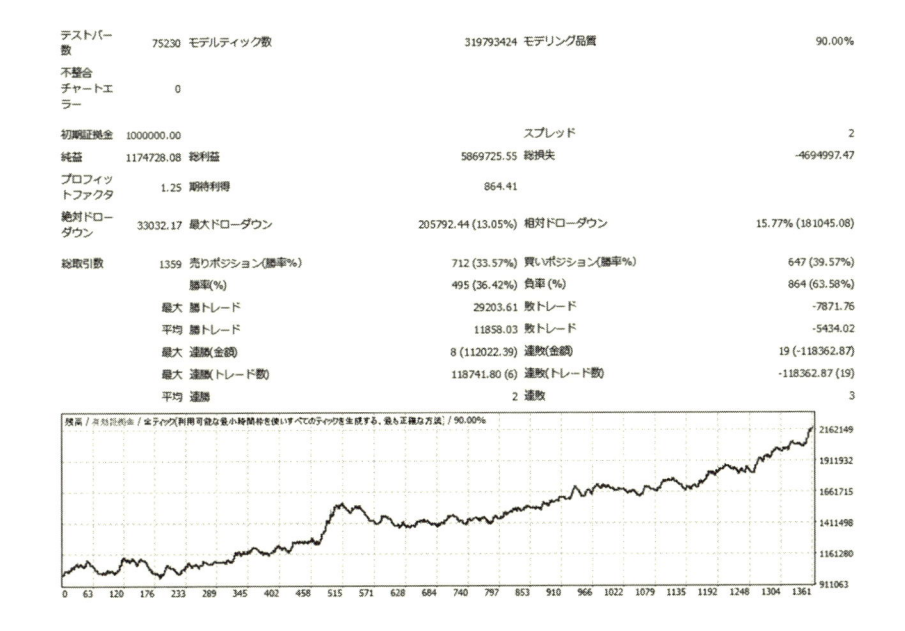

テストバー数	75230	モデルティック数		319793424	モデリング品質		90.00%
不整合チャートエラー	0						
初期証拠金	1000000.00				スプレッド		2
純益	1174728.08	総利益		5869725.55	総損失		-4694997.47
プロフィットファクタ	1.25	期待利得		864.41			
絶対ドローダウン	33032.17	最大ドローダウン		205792.44 (13.05%)	相対ドローダウン		15.77% (181045.08)
総取引数	1359	売りポジション(勝率%)		712 (33.57%)	買いポジション(勝率%)		647 (39.57%)
		勝率(%)		495 (36.42%)	負率 (%)		864 (63.58%)
		最大 勝トレード		29203.61	敗トレード		-7871.76
		平均 勝トレード		11858.03	敗トレード		-5434.02
		最大 連勝(金額)		8 (112022.39)	連敗(金額)		19 (-118362.87)
		最大 連勝(トレード数)		118741.80 (8)	連敗(トレード数)		-118362.87 (19)
		平均 連勝		2	連敗		3

２）３線分析：ポンド円30分足に対する最適利確＆損切り

　続いて、３線分析のポンド円30分足に対しての利益確定幅（損切り幅）水準を検証していきましょう。

◆利益確定幅（損切り幅）

	利確幅	損切り幅	純益(円)	取引数
第1位	230	10	1462067.52	10283
第2位	270	10	1454003.45	9562
第3位	170	10	1408824.50	11951

◆３線分析：ポンド円30分足に対する最適利確＆損切り

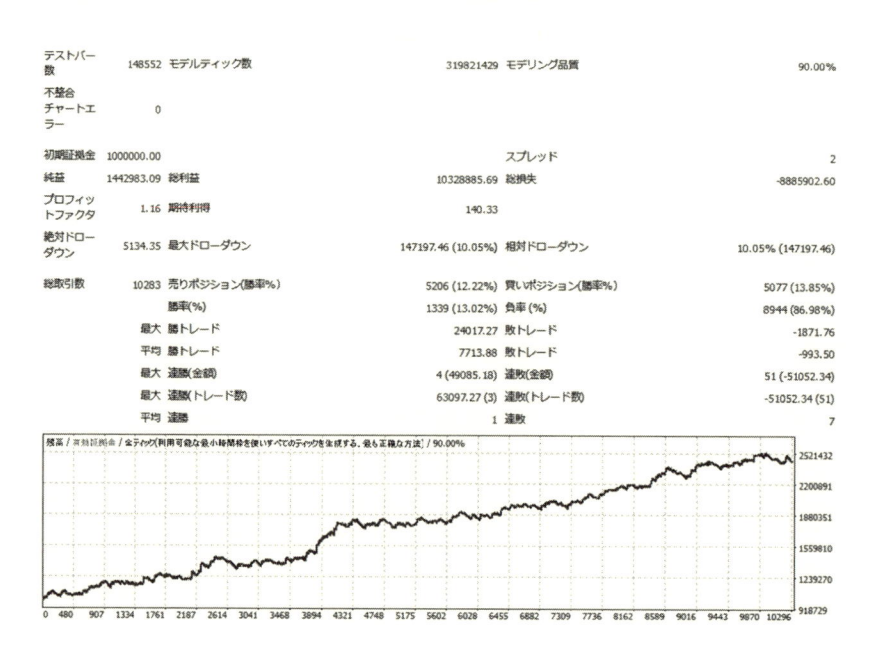

テストバー数	148552	モデルティック数		319821429	モデリング品質		90.00%
不整合チャートエラー	0						
初期証拠金	1000000.00				スプレッド		2
純益	1442983.09	総利益		10328885.69	総損失		-8885902.60
プロフィットファクタ	1.16	期待利得		140.33			
絶対ドローダウン	5134.35	最大ドローダウン		147197.46 (10.05%)	相対ドローダウン		10.05% (147197.46)
総取引数	10283	売りポジション(勝率%)		5206 (12.22%)	買いポジション(勝率%)		5077 (13.85%)
		勝率(%)		1339 (13.02%)	負率 (%)		8944 (86.98%)
		最大 勝トレード		24017.27	敗トレード		-1871.76
		平均 勝トレード		7713.88	敗トレード		-993.50
		最大 連勝(金額)		4 (49085.18)	連敗(金額)		51 (-51052.34)
		最大 連勝(トレード数)		63097.27 (3)	連敗(トレード数)		-51052.34 (51)
		平均 連勝		1	連敗		7

利益確定幅としては230〜270pips水準の組み合わせに好成績が多く見られる傾向となりました。

　損切り幅としては、第1位〜第3位を占めた「10pips」の組み合わせ、もしくは、第4位と第5位になった「150pips」の組み合わせというように、極端に分かれる結果となりました（下表）が、10pipsの組み合わせのほうが良い成績になりやすい傾向となりました。

	利確幅	損切り幅	純益(円)	取引数
第1位	230	10	1462067.52	10283
第2位	270	10	1454003.45	9562
第3位	170	10	1408824.50	11951
第4位	220	150	1403376.69	1863
第5位	250	150	1402066.93	1804

　損切り幅が10pipsと、かなり小さな幅であるため、勝率がかなり低くなり、トレード回数もかなり増えています。結果として純益は増えたものの、「若干増えただけ」というレベルにも見えます。これもまたルールを使う人によって意見が分かれそうです。

　損切り幅の検証結果からは、このルールに関しては「すぐに損切りするとき」と「ある程度損失幅が広がっても持ち続けるとき」「そのどちらも加味するとき」があることも推察できそうです。

　前章で検証したルールで決済は行いつつも、このような推察を念頭に置いておけば、含み益や含み損のメンタルへの影響は軽減されるかもしれません。

資金管理で どこまで純益が伸びるのか？

　純益を伸ばす方法として、エントリー＆決済ルールとは異なりますが、単純にロット数を上げるという手段があります。ただ当然ながら、ロット数を増やしすぎると、思惑通りに動けば利益額も増えますが、反面、損切りになったときの損失額も大きなものになってしまいます。

　そのため、ここでは、一般的によく知られている資金管理手法をひとつピックアップして検証してみます。今回は損切り時の損失額が資金の２％になるロット数を計算する手法を採用していきます。エントリールールの逆条件だけで決済するとなると、ロット数の計算ができないため、前節の検証で出た結果のうち、最も良い成績となった以下の条件での「利確幅」「損切り幅」の組み合わせで検証を進めます。

トレードルール	時間軸	利確幅	損切り幅
2線分析(移動平均線のクロス)	1時間足	230	70
3線分析(パーフェクトオーダー)	30分足	230	10

　結論から言うと、当然ですが、両方とも純益は大幅に伸びました。これらの検証結果は「ロット数を１ロット固定から資金に応じて適切にコントロールすると、このくらいまで利益を伸ばせる」という伸び

◆２線分析：ポンド円１時間足に対する資金２％損切りパターン

テストバー数	75230	モデルティック数		319793424	モデリング品質		90.00%
不整合チャートエラー	0						
初期証拠金	1000000.00				スプレッド		2
純益	12465597.02	総利益		49391750.40	総損失		-36926153.38
プロフィットファクタ	1.34	期待利得		9172.62			
絶対ドローダウン	118048.51	最大ドローダウン		1480391.81 (43.63%)	相対ドローダウン		43.63% (1480391.81)
総取引数	1359	売りポジション(勝率%)		712 (33.57%)	買いポジション(勝率%)		647 (39.57%)
		勝率(%)		495 (36.42%)	負率(%)		864 (63.58%)
		最大 勝トレード		809486.34	敗トレード		-252000.00
		平均 勝トレード		99781.31	敗トレード		-42738.60
		最大 連勝(金額)		8 (1825284.09)	連敗(金額)		19 (-854168.08)
		最大 連勝(トレード数)		356 1765.88 (6)	連敗(トレード数)		-882035.84 (8)
		平均 連勝		2	連敗		3

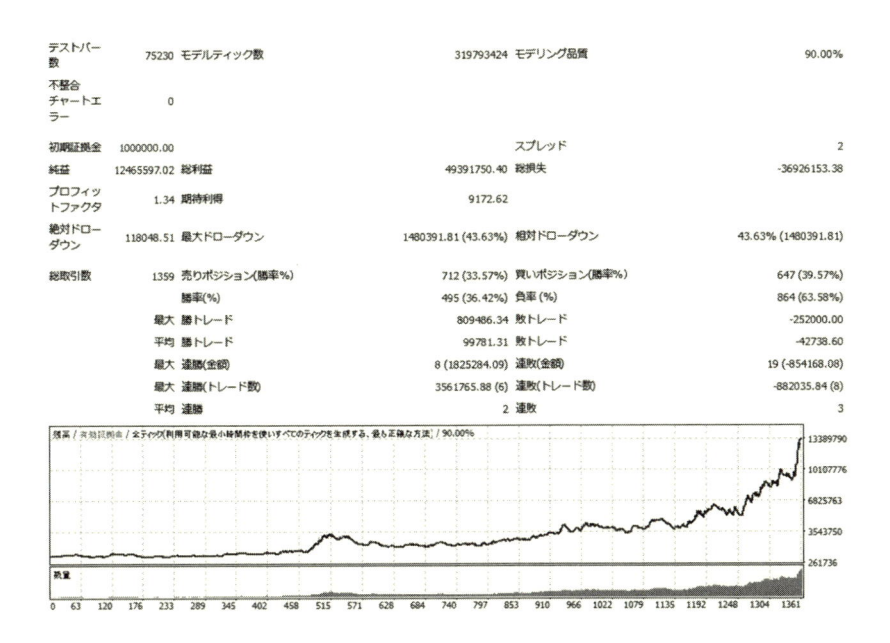

◆３線分析：ポンド円30分足に対する資金２％損切りパターン

テストバー数	148552	モデルティック数		319821429	モデリング品質		90.00%
不整合チャートエラー	0						
初期証拠金	1000000.00				スプレッド		2
純益	243473147.40	総利益		1991584658.18	総損失		-1748111710.78
プロフィットファクタ	1.14	期待利得		23677.25			
絶対ドローダウン	387328.45	最大ドローダウン		38732155.41 (16.85%)	相対ドローダウン		91.22% (8556191.10)
総取引数	10283	売りポジション(勝率%)		5206 (12.22%)	買いポジション(勝率%)		5077 (13.85%)
		勝率(%)		1339 (13.02%)	負率(%)		8944 (86.98%)
		最大 勝トレード		7205180.60	敗トレード		-509222.35
		平均 勝トレード		1487367.33	敗トレード		-195450.77
		最大 連勝(金額)		4 (14725555.30)	連勝(金額)		51 (-1851036.56)
		最大 連勝(トレード数)		18929180.60 (3)	連敗(トレード数)		-14264767.98 (47)
		平均 連勝		1	連敗		7

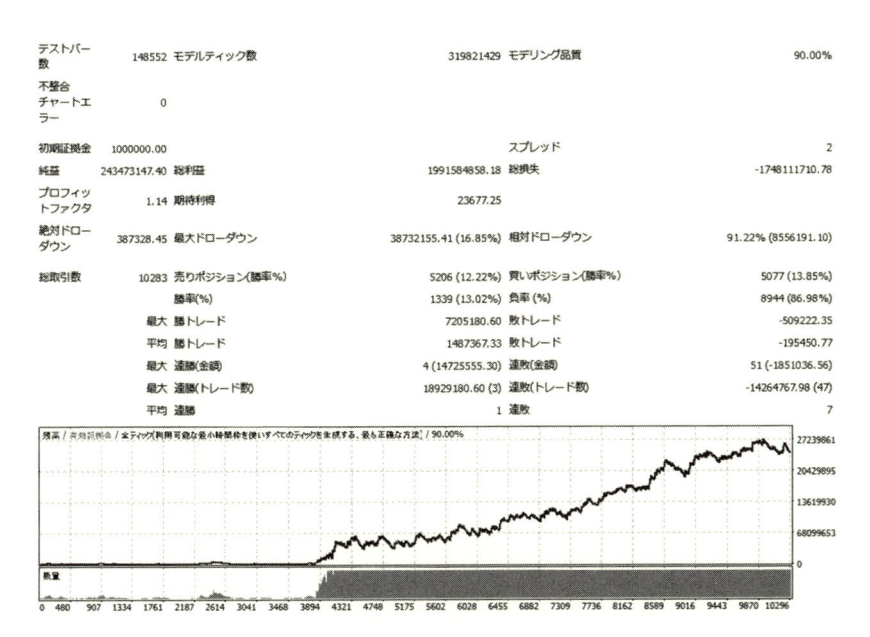

幅の感覚が持てればOKだと思います。

　見方を変えれば1ロット固定で取引しても勝てないトレードルールでは、いくら資金管理を適正にしても、やはり勝てないということが言えます。

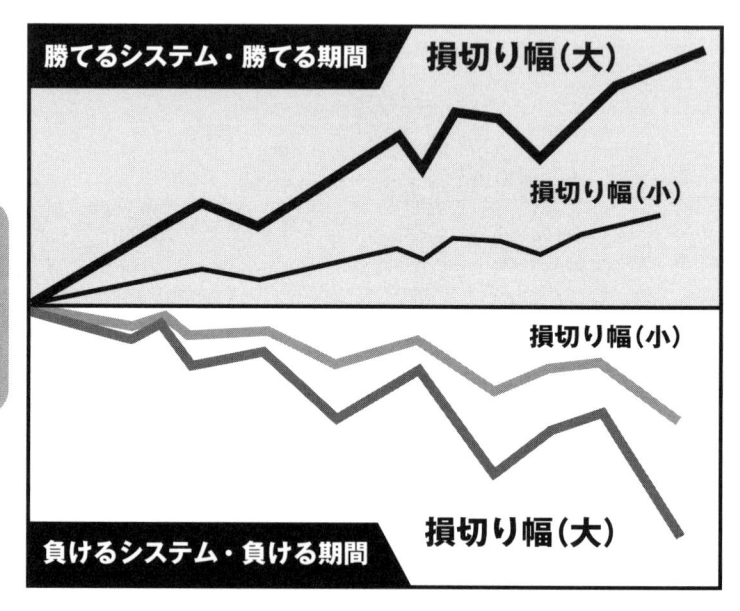

損切り幅を大きく設定するほど、損切りにかかりにくくなるため、資産の増加幅が増える（＝大勝ちポジションになる）確率が上がる。一方で、損切りにかかったら損切り幅が大きい分、資産の減少幅も大きくなる

　最小ロット数でバックテストをしてみて、少なくともプラス方向に行くルールの組み合わせでないと、マイナスの数字にいくら掛け算をしてもマイナスになるだけです。トレーダーによっては「資金管理ルールだけしっかりしていれば勝てる」と言う方もいらっしゃいますが、最低限のレベルでのエントリー＆決済ルールは必要（前提として当然あるもの）なのです。

終 章

まとめ　〜私たちは移動平均線の「何」を学ぶのか?〜

1) 「移動平均線は使えるのか？」の議論はもう古い！

一昔前と比べて、「手法の検証」というテーマは少しずつ興味を持たれてきています。事実、YouTubeなどでも、手法の検証をテーマにした動画が公開されていて、それなりの再生回数を重ねています。

ただし、よくある検証は、通貨ペアで言うと「ドル円」や「ユーロドル」などで、時間軸についても1時間足あたりに限定したものが多くなっています。

ある日、偶然にも、ユーロドルの15分足という条件で、2線分析（短期移動平均線と長期移動平均線のクロス）を検証するという動画を見つけました。

結論から言うと、損益がマイナスとなってしまい、結論として「移動平均線は使えない」というまとめになっていました。

もしも、この動画（ユーロドルの15分足の移動平均線の検証）だけを見て「移動平均線は使えない」と結論づけている人がいたとしたら、とても残念なことだと考えます

本書を読んでいただくとわかるように、移動平均線を使った手法の場合、ドルベースのトレードですと良い結果になりません。また、時間軸についても、比較的長めでないと、厳しい結果になります。

本書の120ページで、検証の結果として、**2線分析の手法を採り入れる場合**には、以下の条件を推奨しています。

◎円ベースの通貨ペア（ポンド円やユーロ円、ドル円)
◎時間軸は30分足以上

要するに、上記の条件を満たしていないときに2線分析を使っても、良い結果にはなりにくいのです。

ここで、ひとつ、補足しておきます。読者の中には、「どうして円ベースだと良いのか」「どうして長めの時間軸だと良いのか」について、疑問に思う方もいることでしょう。個人的には、「移動平均線を見ているのは日本人のほうが多い」「移動平均線自体が後追いで反応してくる指標だから」などが関係しているのではないかと考えています。ただし、これはあくまでも仮説です。実際には、いろいろな要素が重なり合っていることは間違いないです。そこで本書では、憶測を避けるため、事実を淡々と紹介することに終始しました。

　大事なのは、「背景に何があるのか」について、自分の頭で考えてみることだと思います。それこそが勉強です。思いを巡らしたことは、将来、皆さんの力になってくれるはずです。

　さて、**本書の結論**です。

　「移動平均線は使えるのか、使えないのか」という議論はもうやめにしましょう。そういうところに注目しても時間の無駄です。

　私たちが移動平均線について“真に学ぶべき”は「移動平均線を使った手法が機能する条件（通貨ペアと時間軸）は何なのか？」です。

　<u>2線分析を使うならどういう条件のときなのか、3線分析を使うのであれば、どういう条件のときなのか。</u>**「手法に応じて、どの通貨ペアと、どの時間軸を使うのか」を知ることが、そもそも論として必要なのです。**

　例えば、「2線分析の手法を採り入れよう」と思っていたとして、ユーロドルやポンドドルの通貨ペアで勝負しようと思っても、そもそも、それらの通貨では結果が出にくいです。

　時間軸についても同様です。例えば「短い時間軸でのトレードがしたい」という思いから、5分足や15分足で2線分析のトレードを行ったとしても、そもそも、短い時間軸では結果が付いてきにくいわけで

す。どうしても短い時間軸でトレードがしたいのであれば、２線分析はやめて、３線分析を採用するほうが現実的なのです（結果が出やすいのです）。

　多くの人は、「移動平均線（※テクニカル分析）で勝とう」と思ったとき、パラメーターをいじったり、マルチタイムフレームを採り入れたりなど、試行錯誤しながら努力を重ねています。その行為自体はとても大切で、尊敬に値するものですが、一方で、結果を出したいのであれば、「そもそも論」として、やはり「それぞれの手法が機能しやすい通貨ペアと時間軸」を学んでおくべきだと考えます。これは、<u>みんながそれほど意識していないけれども、実はとても大事な話</u>なのです。

　なお、手法に応じた条件（通貨ペアと時間軸）についての回答は、本書の第５章に「検証結果」として書いてあります。

２）トレードルールを決めて、ひたすらそれを繰り返し、マスターする

　ここまで本書を読んでいただいた方々にはわかるように、ほかの移動平均線の書籍と比べたときの本書の優位性は**「証拠（検証結果）を載せた」**ところにあります。

　ごくシンプルなトレードルールではありますが、８つの通貨と６つの時間軸の掛け合わせから、**単線分析**［ローソク足と移動平均線のクロストレード・移動平均線反発ルール・移動平均線の傾きを考慮した高値（安値）更新ルール］と**２線分析**（短期移動平均線と長期移動平均線のクロストレード）、**３線分析**（パーフェクトオーダールール）それぞれにおいて、**期待値の高い条件（通貨ペア＆時間軸）**を紹介しています。

　本来であれば、このような検証もトレーダーが自分自身でやるべき

ものではありますが、検証の作業は慣れていないと手間がかかるところでもありますので、そこは本書のほうでお手伝いいたしました。

　私たちトレーダーの目標は、トレードで稼ぐことです。読者の皆さんには、今後、以下のこと意識していただきたいです。

①本書のトレードルールをどれかひとつ決める
②マスターするために、繰り返し、練習する
③慣れてきたらパラメータなどを、自分の使いやすいものに昇華していく（＝極めていく）

　それぞれ説明します。

　①の「本書のトレードルールをどれかひとつ決める」とは、例えば、2線分析であれば、以下の条件のときに絞ってトレードをしていくという意味になります。

・ポンド円　　1時間足
・ユーロ円　　1時間足
・ドル円　　　30分足　　　　　　　など

　トレードは「技術」です。技術を効率良く磨く（無駄を省く）には、やはり期待値の高いトレードルールに注目する必要が出てきます。
　なお、トレードルールは、いくつも覚える必要はありません。極論すれば、得意なルールがひとつあれば、それだけで稼ぐことは可能だからです。

　②の「マスターするために、繰り返し、練習する」は、そのままの意味です。やるべきトレードルールが決まったら、あとはそのトレー

ドルールを自分のものにするためにひたすら練習します。ここは、量稽古の域です。

練習するときにはデモトレードが良いのか、それとも、リアルトレードが良いのかについては、意見の分かれるところです。

ここについては、正解はありません。リアルトレードと変わらないくらいの気持ちで臨めるのであれば、デモトレードで練習してもよいでしょうし、「デモトレードだと、どうしても本気になれない」ということであれば、1000通貨あたりの少額でリアルトレードを始めてもよいかもしれません。

また最近では、練習ソフトなどもあります。そういうものを使って練習を重ねるのもよいでしょう。

大事なことは、検証の数字だけではわからない手応え（例えば、エントリーしたあとに大きく伸びやすいとか、ジグザグに動いてすぐには思惑通りに動かないことが多いなど）を、経験値として、自分の内に溜めていくことです。

③の「慣れてきたらパラメータなどを、自分の使いやすいものに昇華していく（＝極めていく）」は、最終的な目標です。

トレードルールは、自分の使いやすいように改良していく必要があります。なぜなら、Ａさんにとっては良いトレードルールであったとしても、それがＢさんにとっても良いかどうかは別の話になるからです。

本書で紹介しているトレードルール自体も、シンプルな条件でありながら、Ａさんにとっては使いやすいけれども、Ｂさんとってはストレスが溜まる、というようなことがあっても不思議ではありません。

私たちは皆、生活環境も、性格も、考え方も、それぞれ違います。だからこそ、自分で決めたトレードルールに慣れてきたならば、使いやすいようにアレンジするのもひとつの手だと考えます。

例えば、単線分析の「ローソク足と移動平均線のクロストレード

（買いのケース）」では、ローソク足が移動平均線を超えたことが確定したら、次の足の始値でエントリーし、ローソク足が移動平均線を割ったことが確定したら、次の足の始値で決済するというルールになっていますが、このときの決済条件を「エントリー後に10pips伸びたら利確、10pips逆行したら損切り」というものに変えたとして、そのほうが結果が良いのであれば、そちらを採用してもよいわけです。

このように、試行錯誤しながらトレードルールを極めていきます。

3）すべてのテクニカル分析に通じること

本書は「移動平均線」をテーマにしていますので、移動平均線を使ったトレードルールを紹介してきましたが、トレードルール自体は、実は何でも良いのです。

大事なのは、どんなトレードルールでも構わない代わりに、**そのトレードルールを使えば良い結果が出るという「根拠（裏付け）」があるかどうか**です。

そして、移動平均線に限らず、**「どんなテクニカル指標にも使える場面がある」**ということを覚えてください。

どのテクニカル指標にも得意な場面と苦手な場面が存在しています。それは、**「どんなときにも機能するような万能なテクニカル指標はない」**ということを同時に意味します。

私たちが学ぶべきは、**「"このテクニカル" が得意としている場面（苦手としている場面）はどこなのか」**です。議論すべきは「移動平均線が使えるかどうか」でも、「ボリンジャーバンドが使えるかどうか」でも、「RSIが使えるかどうか」でもないのです。**それぞれのテクニカル指標が得意な条件（場面）を知り、その条件に絞ってトレードする練習を重ねて、稼ぐ技術をマスターすること。**これこそ、トレーダーにとって欠かせないことを認識していただきたいと思います。

4）トレードを甘く考えてはいけない

最後にひとつ、付け加えておきます。トレードというと、**「（本業よりも）簡単に儲かるもの」だと考える人がいます。でも、それは大きな間違い**です。

トレードの世界には、弱肉強食の厳しい現実があります。（あなたは）マーケットに生き残っている海千山千の猛者を相手に闘っていかなければならないからです。ある意味、本業のほうが楽な世界かもしれません。甘い考えでいれば、合法的に自分のお金が奪い取られていきます。だから、技術を磨くのです。徹底的に磨くのです。

ただ、逆の見方をすれば、闘っていけるだけの技術をマスターできれば、あとは資金管理を考慮する前提でロットを上げていくことで（第3章のバルサラの破産確率参照）、大きなお金を手にすることも可能です。そこには、夢があります。

まずは期待値の高いトレードルールを学ぶこと。そして、そのトレードルールを磨くこと（極めること）。市場で結果を出すことが求められているトレーダーである以上、クリアしておきたいところです。

道は険しいかもしれません。それでも、勉強と練習を少しずつ重ねていけば、それぞれのゴールにたどり着けるはずです。

増税や物価高、賃金が上がらないなど、住みにくい世の中になってきているからこそ、今は**「自分の力で稼ぐことが求められている」**と言えるでしょう。地味でもいいのです。一歩ずつ、歩みを進めていきましょう。

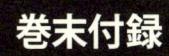

巻末付録

日経225 & ゴールド先物 &
WTI原油CFD & ビットコインの検証結果

　移動平均線のルールについて、今回はFX（外国為替証拠金取引）市場での検証を通じて、（ルールの）本質をお伝えしてきました。今回、検証対象としてFX市場を選んだ理由はいくつかあります。

　まず、FX市場には世界中の投資家が参加しています。１日あたりの取引量が約6.6兆ドル（約700兆円）と非常に大きく、その規模の大きさ（流動性の高さ）から市場操作やインサイダー取引が極めて難しい特徴があります。いわゆる「ノイズ要素が少ない環境である点が移動平均線を説明するに当たって良い」と思ったためです。

　同時に、FX市場はとても高いレバレッジをかけることができる環境ゆえ、小さい変化であっても大きく反応して数字に表れることから「検証結果の特徴が見やすく表現される」と考えたことも理由としてあります。

　余談になりますが、テクニカル分析の使い方を練習する環境は、些細なことであったとしても大きく損益の数字に表れる“シビアな環境”のほうがレベルは上がると思われます。

　もちろん、実際の資金で練習していたら、思惑と違う動きになったときには資金が減ってしまいますので、デモトレードで、かつ、FXのようなレバレッジの利く環境でテクニカルを使って慣れていくことがテクニカルを最も早く使いこなす方法ではないかと思います。

　このような経緯があり、本編ではFXを題材に検証を進めてきまし

たが、もちろん移動平均線を含む、テクニカル分析は他の市場でも使うことはできます。

　と言いますか、テクニカル分析は、元々、株式市場から発展してきました。その点を考えると「株式市場のほうがむしろ使えるのでは……」と考えることもできます。ただ、株式投資においてもFXと同様、移動平均線に関するルールはさまざま知られているものの、検証データを添えて伝えている本などを見かけることはほとんどありません。

　実際に株式市場に移動平均線のルールを適用したら、どうなるのでしょうか？　前章でピックアップした2つの移動平均線ルール（2線分析と3線分析）を日経平均株価（日経225）とゴールド先物、WTI原油CFD、ビットコインに適用し、その有効性を検証してみましょう。

今回、本編での検証で使用したツールであるMT4は基本的にFX市場で使えるツールです。そこで今回は、無償で使える範囲（※2024年12月末時点）、かつ株式市場のルール検証ができる環境として、TradingViewを使って検証しました。

検証期間は本編と同じく2012年1月2日〜2023年12月29日の間で、日経225インデックスの日足に対して検証をかけます。日足より短い時間足の場合、無償範囲で提供されているデータですと検証期間が非常に短くなってしまうこと、また今回はあくまでも傾向を見ることが目的であることから、日足限定での実施としました。関心のある方は各自で検証してみていただければと思います。

ロット数は最小の1取引単位で実施します。初期資金も本編と同じ1,000,000JPY（100万円）の設定とします。

まず2線分析（移動平均線のゴールデンクロス、デッドクロスによる売買ルール）を適用した場合です（短期移動平均線は「20」。長期移動平均線は「40」）。

◎検証期間：2012年1月2日〜2023年12月29日
◎単位　　：最小単位（1単位）
◎時間軸　：日足
◎初期資金：1,000,000JPY（100万円）

結果としてはマイナスとなりました。ただ勝率は35.23%、ペイオフレシオは約1.6と、本編でお伝えした特徴と同じ傾向が出ています。

詳細を見ていきます。買いエントリーだけの結果で見ると、損益はプラス、勝率は38.64%、ペイオフレシオも約2.3と良い成績になっています。売りエントリーのポジションと比べると、明らかに買いエントリーだけに絞ったトレードをしたほうが良いことが示されています。

◆2線分析

タイトル	すべて	ロング	ショート
純利益	-6,756.82 JPY -0.68%	9,075.86 JPY 0.91%	-15,832.68 JPY -1.58%
総利益 ⚙	38,813.26 JPY 3.88%	28,515.27 JPY 2.85%	10,297.99 JPY 1.03%
総損失	45,570.08 JPY 4.56%	19,439.41 JPY 1.94%	26,130.67 JPY 2.61%
最大可能利益	17,640.51 JPY 1.75%		
最大ドローダウン	14,562.40 JPY 1.45%		
勝率	35.23%	38.64%	31.82%
平均トレード	-76.78 JPY -0.04%	206.27 JPY 1.87%	-359.83 JPY -1.94%
平均勝ちトレード	1,252.04 JPY 7.17%	1,677.37 JPY 10.11%	735.57 JPY 3.60%
平均負けトレード	799.48 JPY 3.96%	719.98 JPY 3.32%	871.02 JPY 4.53%
ペイオフレシオ（平均勝ち/平均負けの比率）	1.566	2.33	0.844

次に、3線分析（パーフェクトオーダーによる売買ルール）を適用した場合の結果を見ていきましょう（短期移動平均線は「25」。中期移動平均線は「75」。長期移動平均線は「200」）。

結果としてはこちらもマイナスとなりました。ゴールデンクロス

&デッドクロスルールと同じく、勝率は35.90%、ペイオフレシオは約1.2と、傾向はやはり似たような結果となっており、移動平均線を使ったルールの特徴はFX以外のマーケットになっても同じ様相を示しています。

また詳細に見ていくと、このルールも買いエントリーだけの結果で見ると、損益はプラス、勝率は52.17%、ペイオフレシオも約1.7と良い成績になっています。

このように、**株式投資であっても、やはりルールには特徴や傾向がある**とわかります。それを活かした使い方をすることが重要なのです。日経225に限って言えば、買いエントリーに絞って、移動平均線を使うことがひとつのポイントになりそうです。

◆3線分析

タイトル	すべて	ロング	ショート
純利益	-8,662.02 JPY -0.87%	7,634.07 JPY 0.76%	-16,296.09 JPY -1.63%
総利益	17,544.10 JPY 1.75%	16,775.99 JPY 1.68%	768.11 JPY 0.08%
総損失	26,206.12 JPY 2.62%	9,141.92 JPY 0.91%	17,064.20 JPY 1.71%
最大可能利益	7,710.94 JPY 0.77%		
最大ドローダウン	13,787.27 JPY 1.38%		
勝率	35.90%	52.17%	12.50%
平均トレード	-222.10 JPY -1.01%	331.92 JPY 1.99%	-1,018.51 JPY -5.33%
平均勝ちトレード	1,253.15 JPY 6.73%	1,398.00 JPY 7.52%	384.06 JPY 2.01%
平均負けトレード	1,048.24 JPY 5.35%	831.08 JPY 4.04%	1,218.87 JPY 6.38%
ペイオフレシオ（平均勝ち / 平均負けの比率）	1.195	1.682	0.315

ゴールド先物編

　次はゴールド先物市場で、その可能性を探ってみましょう。

　検証環境については、初期資金のみ10,000USD（1万ドル）の設定とし、その他は前項の日経225と同じ条件で検証を進めます。

> ◎検証期間：2012年1月2日〜2023年12月29日
> ◎単位　　　：最小単位（1単位）
> ◎時間軸　　：日足
> ◎初期資金：1,000,000USD（1万ドル）

　まずは2線分析（移動平均線のゴールデンクロス、デッドクロスによる売買ルール）を適用した場合です（短期移動平均線は「20」。長期移動平均線は「40」）。

　結果はマイナス、勝率は33.33％、ペイオフレシオは約1.8という結果になりました。先ほどの日経225と同じような傾向が出ました。

　詳しく見ていくと、ゴールドについても「買いエントリーだけの結果」は好成績となりました。日経225ほど大きな差はないものの、買いエントリーだけに絞ったトレードをしたほうが良い傾向は同じ特徴として表れました。

　次に、3線分析（パーフェクトオーダーによる売買ルール）を適用した場合の結果を見ていきましょう（短期移動平均線は「25」。中期移動平均線は「75」。長期移動平均線は「200」）。

◆２線分析

タイトル	すべて	ロング	ショート
純利益	-225.85 USD -0.02%	58.04 USD 0.01%	-283.89 USD -0.03%
総利益	2,395.11 USD 0.24%	1,277.38 USD 0.13%	1,117.73 USD 0.11%
総損失	2,620.96 USD 0.26%	1,219.34 USD 0.12%	1,401.62 USD 0.14%
最大可能利益	886.68 USD 0.09%		
最大ドローダウン	781.87 USD 0.08% --		
勝率	33.33%	36.17%	30.43%
平均トレード	-2.43 USD -0.20%	1.23 USD 0.11%	-6.17 USD -0.52%
平均勝ちトレード	77.26 USD 5.19%	75.14 USD 5.15%	79.84 USD 5.25%
平均負けトレード	42.27 USD 2.90%	40.64 USD 2.75%	43.80 USD 3.04%
ペイオフレシオ（平均勝ち / 平均負けの比率）	1.828	1.849	1.823

◆３線分析

タイトル	すべて	ロング	ショート
純利益	-119.54 USD -0.01%	122.54 USD 0.01%	-242.08 USD -0.02%
総利益	841.66 USD 0.08%	573.60 USD 0.06%	268.06 USD 0.03%
総損失	961.20 USD 0.10%	451.07 USD 0.05%	510.14 USD 0.05%
最大可能利益	694.83 USD 0.07%		
最大ドローダウン	455.81 USD 0.05%		
勝率	31.25%	35.29%	26.67%
平均トレード	-3.74 USD -0.19%	7.21 USD 0.69%	-16.14 USD -1.19%
平均勝ちトレード	84.17 USD 5.72%	95.60 USD 6.54%	67.01 USD 4.49%
平均負けトレード	43.69 USD 2.88%	41.01 USD 2.51%	46.38 USD 3.25%
ペイオフレシオ（平均勝ち / 平均負けの比率）	1.926	2.331	1.445

こちらもまた、これまでの結果と同じような傾向となりました。全体としては損益がマイナス、勝率は31.25％、ペイオフレシオは約1.9となっています。

　詳細を見ていくと、買いエントリーだけの場合、損益はプラス、勝率は35.29％、ペイオフレシオも約2.3という好成績となりました。移動平均線ルールの使い方については、日経225もゴールド先物も同じところに気をつける必要がありそうです。

　移動平均線を使ったルールについては、FX（為替）でも、日経225でも、ゴールド先物でも似た傾向が見られました。

WTI原油CFD編

　次はWTI原油CFDで移動平均線ルールを使うとどうなるのか、検証してみたいと思います。

　検証環境については、前項のゴールドと同じ条件で検証を進めます（209ページ参照）。

　まずは2線分析（移動平均線のゴールデンクロス、デッドクロスによる売買ルール）を適用した場合です（短期移動平均線は「20」。長期移動平均線は「40」）。

　今回は損益がプラスで着地しました。勝率が37.65％と低めで、ペイオフレシオが2.41と高めに出ています。移動平均線ルールの傾向は同じでした。

　しかし今までと違う特徴として表れたことが、買いエントリーも売りエントリーも損益がプラスになったこと、そして買いエントリーよりも売りエントリーのほうが損益は良くなったことです。

　買いエントリーも売りエントリーも、トレード回数や勝率は大体同じくらいです。ペイオフレシオについては、買いエントリーでは約2.1、売りエントリーでは約2.7となっています。ここで差がついたことで売りエントリーのほうが損益額は大きくなる結果となっています。

　続いて、3線分析（パーフェクトオーダーによる売買ルール）を適用した場合でも、「今までと違う傾向が見られるのか？」を見ていきましょう（短期移動平均線は「25」。中期移動平均線は「75」。長期移動平均線は「200」）。

　こちらもまた、先ほどの結果と同じような傾向が出ました。全体の損益はプラス、勝率は36.36％、ペイオフレシオは約1.9となっています。

◆2線分析

タイトル	すべて	ロング	ショート
純利益	92.75 USD 0.01%	30.02 USD 0.00%	62.73 USD 0.01%
総利益	296.56 USD 0.03%	126.67 USD 0.01%	169.89 USD 0.02%
総損失	203.81 USD 0.02%	96.65 USD 0.01%	107.16 USD 0.01%
最大可能利益	120.41 USD 0.01%		
最大ドローダウン	47.34 USD 0.00%		
勝率	37.65%	38.10%	37.21%
平均トレード	1.09 USD 1.32%	0.71 USD 1.84%	1.46 USD 0.82%
平均勝ちトレード	9.27 USD 13.84%	7.92 USD 13.81%	10.62 USD 13.88%
平均負けトレード	3.85 USD 6.23%	3.72 USD 5.52%	3.97 USD 6.92%
ペイオフレシオ（平均勝ち / 平均負けの比率）	2.41	2.13	2.675

◆3線分析

タイトル	すべて	ロング	ショート
純利益	8.77 USD 0.00%	-2.19 USD 0.00%	10.96 USD 0.00%
総利益	117.76 USD 0.01%	62.83 USD 0.01%	54.93 USD 0.01%
総損失	108.99 USD 0.01%	65.02 USD 0.01%	43.97 USD 0.00%
最大可能利益	68.21 USD 0.01%		
最大ドローダウン	46.10 USD 0.00%		
勝率	36.36%	36.84%	35.71%
平均トレード	0.27 USD 0.21%	-0.12 USD 0.41%	0.78 USD -0.06%
平均勝ちトレード	9.81 USD 14.64%	8.98 USD 14.83%	10.99 USD 14.37%
平均負けトレード	5.19 USD 8.03%	5.42 USD 8.00%	4.89 USD 8.08%
ペイオフレシオ（平均勝ち / 平均負けの比率）	1.891	1.657	2.249

詳細を見ていくと、先ほどとは異なり、買いエントリーだけの場合、損益がマイナスとなっています。このことから、売りエントリーのポジションで利益を確保したことがわかります。売りエントリーだけの場合、勝率こそ買いエントリーよりも低い35.71％となっていますが、ペイオフレシオが約2.3となっています。利幅を伸ばす形を見せ、実際に好成績となりました。

　日経225やゴールド先物で移動平均線のルールを使うと、買いエントリー優勢の検証結果となりましたが、WTI原油CFDでは売りエントリー優勢の検証結果が出た形になります。

ビットコイン編

　では最後に、ビットコインに対して移動平均線を使ったルールを使うとどうなるか、検証してみました。日経225と同じ検証環境で進めます（206ページ参照）。

　まずは2線分析（移動平均線のゴールデンクロス、デッドクロスによる売買ルール）を適用した場合です（短期移動平均線は「20」。長期移動平均線は「40」）。

　今回も損益はプラスで着地しました。勝率は46.34%、ペイオフレシオが約2.3と好成績となっています。また、買いエントリーと売りエントリー、どちらのポジションもプラス損益となる結果が出ました。しかも、良い数字が出ていることから、ビットコイン取引では相性が良いのかもしれません。特に買いエントリーの場合は、勝率が58.54%もあるので、精神的により安定したトレードにつながるでしょう。

　次に、3線分析（パーフェクトオーダーによる売買ルール）を適用した場合の結果を見ていきましょう（短期移動平均線は「25」。中期移動平均線は「75」。長期移動平均線は「200」）。

　こちらもプラス損益となる結果が出ました。全体成績として勝率が46.43%で、ペイオフレシオが約3.0という好成績になっています。

　ただゴールデンクロス、デッドクロスのルールとは違い、買いエントリーに絞った場合はプラス損益、売りエントリーに絞った場合はマイナス損益という、日経225やゴールド先物と似た傾向が表れました。買いエントリーに絞った場合には、勝率が66.67%と高く、ペイオフレシオも約4.1というように高い数値になっています。

◆2線分析

タイトル	すべて	ロング	ショート
純利益	8,109,889.00 JPY 810.99%	7,015,525.00 JPY 701.55%	094,364.00 JPY 109.44%
総利益	16,381,522.00 JPY 1,638.15%	10,271,357.00 JPY 1,027.14%	110,165.00 JPY 611.02%
総損失	8,271,633.00 JPY 827.16%	3,255,832.00 JPY 325.58%	015,801.00 JPY 501.58%
最大可能利益	8,702,378.00 JPY 89.69%		
最大ドローダウン	2,048,778.00 JPY 30.50%		
勝率	46.34%	58.54%	34.15%
平均トレード	98,901.09 JPY 10.24%	171,110.37 JPY 22.38%	26,691.80 JPY -1.90%
平均勝ちトレード	431,092.68 JPY 34.94%	427,973.21 JPY 46.48%	436,440.36 JPY 15.15%
平均負けトレード	187,991.66 JPY 11.09%	191,519.53 JPY 11.64%	185,770.41 JPY 10.75%
ペイオフレシオ（平均勝ち / 平均負けの比率）	2.293	2.235	2.349

◆3線分析

タイトル	すべて	ロング	ショート
純利益	6,229,035.00 JPY 622.90%	7,542,028.00 JPY 754.20%	-1,312,993.00 JPY -131.30%
総利益	10,167,574.00 JPY 1,016.76%	8,589,328.00 JPY 858.93%	1,578,246.00 JPY 157.82%
総損失	3,938,539.00 JPY 393.85%	1,047,300.00 JPY 104.73%	2,891,239.00 JPY 289.12%
最大可能利益	6,828,274.00 JPY 87.30%		
最大ドローダウン	1,844,973.00 JPY 38.39%		
勝率	46.43%	66.67%	23.08%
平均トレード	222,465.54 JPY 28.26%	502,801.87 JPY 59.14%	-100,999.46 JPY -7.38%
平均勝ちトレード	782,121.08 JPY 79.90%	858,932.80 JPY 96.15%	526,082.00 JPY 25.76%
平均負けトレード	262,569.27 JPY 16.50%	209,460.00 JPY 14.87%	289,123.90 JPY 17.32%
ペイオフレシオ（平均勝ち / 平均負けの比率）	2.979	4.101	1.82

　ここまでで「日経225」「ゴールド先物」「原油」「ビットコイン」について、それぞれ検証してきました。それぞれプラス損益になる検証結果が出たことで、移動平均線のルールは、FX（為替）に限らず、他の市場でも使える場面が存在するとわかりました

　日経225とゴールド先物では似た傾向があったものの、原油やビットコインはそれぞれ違う傾向がありました。
　本編でもお伝えしたように、**エントリー＆決済ルールで重要なことは、「このルールは使える、使えない」という問題ではなく、「ルールを使う銘柄や時間足との組み合わせによって傾向が変わるため、それぞれの特徴に合わせた使い方が求められる」**ということです。

　「このルールは使えない」と言ったところで、そのままでは何も進歩がありません。「より期待値の高いルールを探す」というよりも、**「このルールが活かせる（＝このルールの期待値が高い）市場や時間軸を探す」というように、「与えられたツール（ルール）が生きる条件（場面）を探して、それを自分なりにどのように活用するのか？」という目線で行動するほうがよい**と私は思います。

　なお、今回の検証はあくまでも日足のみで実施しております。どうしても取引回数が少なくなるため、フォワードテストはもちろん、より詳細な過去データを購入して検証してみるなど、もっと詳しい検証評価を得たいのであれば、自分で調べる必要があります。
　大変な作業ではありますが、そこを頑張ればルールを自分のモノに

できますので、移動平均線を極めたい方はぜひ取り組んでみてくださ
い。

謝辞

　今回の出版にあたってお世話になった、パンローリング編集の磯崎公亜さん、今回もいろいろと本当にありがとうございました。体調不良のなか、いつも深夜まで編集作業を続けてくださり、心から感謝しております。また次回作もよろしくお願い申し上げます！

　また、パンローリング様との出会いの機会をつくってくださった服部遣司さんにも感謝を申し上げます。いつもありがとうございます！

　そして、これまでに私のトレード技術指導を受けてくださった皆様、皆様がいたからこそ、これまで活動を続けてくることができ、こうした出版機会にも恵まれております。本当にありがとうございます。今後ともよろしくお願い申し上げます。

あとがき

　本書を通じて、「どんな相場でも勝てる完璧な手法」は存在しないこと、そして通貨ペアや時間軸、時期的な特徴や時間帯といった要素の組み合わせ次第で、シンプルなルールでも得意な局面があることをお伝えしました。

　トレード技術を高めるということは、何か魔法のような「聖杯ルール」を追い求めることではありません。むしろ、ルールの特性を理解し、正しいタイミングで使いこなせるようになることが重要です。この点が、本書を通じて少しでも伝わっていれば幸いです。

　今回は移動平均線を使ったルールに絞ってお話しましたが、本書を参考にしていただくことで、ルール検証の効率が上がり、ファンダメンタルズ分析に時間を割いたり、トレードの経験値を積んだりと、より広い範囲でスキルを成長させる一助となれば嬉しい限りです。

　実は、前作『出口から考えるFX』を出版したとき、「これで投資関連の本を出すのは最後かもしれないな」と考えていました。しかし今回、再びトレードルールの本質についてお伝えする機会をいただけたこと、大変嬉しく思いますし、継続してこうした機会をいただけることには何か意味があると思っています。そのため、今回の出版をキッカケに、ルール検証だけではなく、本では伝えにくい部分である、トレードにおける重要な「その先」に目を向ける内容についても、皆さんにお届けしていきたいと考えています。

　あなたが本書を手に取り、最後までお読みいただいたことにも、きっと何かの意味があると思っています。こうしたご縁を私は大切にした

いと思っていますので、これを機に、ぜひ LINE でつながりましょう。LINE ではトレード技術に関する情報を配信していきますし、もし本書を読んだ感想をお送りいただければ、これ以上ない喜びです。

　LINE 登録ページの情報は以下に記載していますので、ぜひアクセスしてください。

LINE 登録情報ページ
https://active-read.jp/fxbk/

　また、本書は今回移動平均線をテーマにしましたが、今後はバンド系指標やオシレーター系指標など、異なるインジケーターを扱った内容をシリーズとして展開する予定です。もし「こんな検証をしてほしい」といったリクエストがありましたら、ぜひ LINE でご連絡ください。読者の皆さまの声を、次回作に反映させていきたいと思っています。

　最後に、本書をご購入いただき、また最後までお読みくださり、心より感謝申し上げます。本当にありがとうございました！　これからもトレードの世界を通じて、あなたと一緒に成長していけることを願っています。

2025 年 1 月　角田和将

■著者紹介：角田　和将（つのだ　かずまさ）

国際テクニカルアナリスト連盟認定テクニカルアナリスト（CFTe®）。システムエンジニアとしての経験を活かし、10年単位での市場データを分析して、独自の投資手法を確立。

国内最大規模のオンライン投資スクールで認定講師として指導した経歴もあり、1000名以上の受講生に対して、会社員時代の経験を生かした独自のトレード理論と、データに基づいた信頼性の高いトレード手法を全国で指導し、月収数十万円〜数百万円の利益を上げるトレーダーを多数輩出してきた実績を持つ。

現在は、投資の資金を確保するための初歩的な貯金関連の取材から、専門的なプログラミングによるトレード手法の開発、投資戦略フェア2020をはじめとした投資専門のイベント講演まで、多岐にわたった活動をしており、主婦層から会社員、専業トレーダーと、幅広い層から高い評価を得ている。

著書『○pipsを狙うなら、どのルールが良いのか」を徹底検証！出口から考えるFX』は、2019-20年ブルベア大賞で大賞を受賞している。

また投資を始めるきっかけとなった速読分野でも発売から6カ月で10万部を超えるベストセラーとなった『1日が27時間になる！速読ドリル』（総合法令出版）や『速読日本一が教える すごい読書術──短時間で記憶に残る最強メソッド』（ダイヤモンド社）などがあり、著書累計は34万部を超えている。

本書の感想をお寄せください。

お読みになった感想を下記サイトまでお送りください。
書評として採用させていただいた方には、
弊社通販サイトで使えるポイントを進呈いたします。

https://www.panrolling.com/execs/review.cgi?c=wb

2025年3月3日 初版第1刷発行

現代の錬金術師シリーズ ㉙

10年分の検証データが証明する

移動平均線で勝つために学ぶべき"本当"の話
——ほかでは読めない"ココ"だけの検証データが導く成功のカギ

著　　者　　角田和将
発 行 者　　後藤康徳
発 行 所　　パンローリング株式会社
　　　　　　〒 160-0023　東京都新宿区西新宿 7-9-18　6階
　　　　　　TEL 03-5386-7391　FAX 03-5386-7393
　　　　　　http://www.panrolling.com/
　　　　　　E-mail　info@panrolling.com
装　　丁　　パンローリング装丁室
組　　版　　パンローリング制作室
印刷・製本　　株式会社シナノ

ISBN978-4-7759-9196-1

ウィザードブックシリーズ 228

FX 5分足スキャルピング
プライスアクションの基本と原則

ボブ・ボルマン【著】

定価 本体5,800円+税　ISBN:9784775971956

132日間連続で1日を3分割した5分足チャート
【詳細解説付き】

本書は、トレーダーを目指す人だけでなく、「裸のチャート（値動きのみのチャート）のトレード」をよりよく理解したいプロのトレーダーにもぜひ読んでほしい。ボルマンは、何百ものチャートを詳しく解説するなかで、マーケットの動きの大部分は、ほんのいくつかのプライスアクションの原則で説明でき、その本質をトレードに生かすために必要なのは熟練ではなく、常識だと身をもって証明している。

トレードでの実践に必要な細部まで広く鋭く目配りしつつも非常に分かりやすく書かれており、すべてのページに質の高い情報があふれている。FXはもちろん、株価指数や株や商品など、真剣にトレードを学びたいトレーダーにとっては、いつでもすぐに見えるところに常備しておきたい最高の書だろう。

ウィザードブックシリーズ 200

FXスキャルピング
ティックチャートを駆使した
プライスアクショントレード入門

ボブ・ボルマン【著】

定価 本体3,800円+税　ISBN:9784775971673

無限の可能性に満ちたティックチャートの世界！ FXの神髄であるスキャルパー入門！

日中のトレード戦略を詳細につづった本書は、多くの70ティックチャートとともに読者を魅力あふれるスキャルピングの世界に導いてくれる。そして、あらゆる手法を駆使して、世界最大の戦場であるFX市場で戦っていくために必要な洞察をスキャルパーたちに与えてくれる。

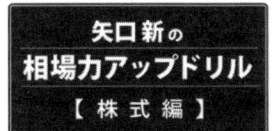

小次郎講師流 目標利益を安定的に狙い澄まして獲る

真・トレーダーズバイブル

小次郎講師【著】

定価 本体2,800円+税　ISBN:9784775991435

エントリー手法は、資金管理とリスク管理とセットになって、はじめてその効果を発揮する。

本書では、伝説のトレーダー集団「タートルズ」のトレードのやり方から、適切なポジション量を導き出す資金管理のやり方と、適切なロスカットをはじき出すリスク管理のやり方を紹介しています。どんなに優れたエントリー手法があったとしても、資金管理（適切なポジション量）とリスク管理（どこまでリスクを許容すべきか）が構築されていないと、その効果を十二分に発揮できません。何をすべきか（どういうトレードルールを作るべきか）。その答えを本書の中で明かしています。

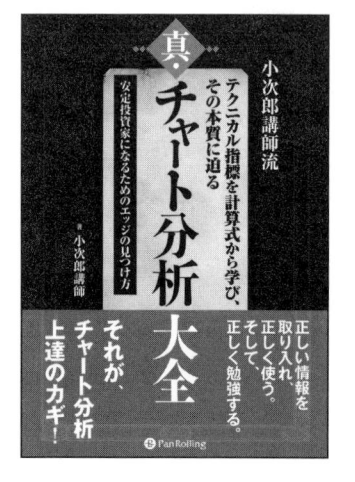

小次郎講師流テクニカル指標を計算式から学び、その本質に迫る

真・チャート分析大全

小次郎講師【著】

定価 本体2,800円+税　ISBN:9784775991589

安定的に儲けるためにはチャート分析が不可欠である

チャート分析について勉強すると、すぐに「どこが買いポイント、どこが売りポイント」というところにばかり興味がいきます。しかし、それだけの研究はお勧めしません。

すべてのチャート分析手法、テクニカル指標は、過去の相場の達人たちの経験と知恵の結晶です。相場の先人たちが何をポイントに相場を見ていたのかを本書では学べます。

あなたのトレード判断能力を大幅に鍛える
エリオット波動研究 改訂版

一般社団法人日本エリオット波動研究所【著】

定価 本体3,800円+税　ISBN:9784775991954

基礎からトレード戦略まで網羅した
エリオット波動の教科書

エリオット波動理論を学ぶことで得られるのは、「今の株価が波動のどの位置にいるのか（上昇波動や下落波動の序盤か中盤か終盤か）」「今後どちらの方向に動くのか（上昇か下落か）」「どの地点まで動くのか（上昇や下落の目標）」という問題に対する判断能力です。エリオット波動理論によって、これまでの株価の動きを分析し、さらに今後の株価の進路のメインシナリオとサブシナリオを描くことで、それらに基づいた「効率良いリスク管理に優れたトレード戦略」を探ることができます。

小次郎講師流
テクニカル指標が持つ「意味」を真に学び、
状況に応じて奥義を使いこなせる達人を目指す

真・チャート分析大全

王道のテクニカル&中間波動編

小次郎講師・神藤将男【著】

定価 本体2,800円+税　ISBN:9784775991947

冷静かつ最適なトレード判断を下すための
普遍的指南書

本書では、トレンドの初動を狙う「中間波動論」や小次郎講師独自の「コジピボ」のほか、ダウ理論やエリオット波動、フィボナッチなど、古典的かつ王道のテクニカル指標を多く取り上げています。「なぜ、このテクニカルが今も支持されているのか」。そういうところを"楽習"しながら、自分の判断でチャートを使いこなせる達人を目指しましょう！

月次情報で"伸びる前"に買う
割安成長株投資入門

はっしゃん【著】

定価 本体2,800円＋税　ISBN:9784775991831

「持続的に成長し続ける企業」を探して、「割安な時期」に買い、長く保有する方法

株式投資では「決算書」や「四季報」が必要になる、と考えている人が多いと思います。確かに、それは間違いではありませんが、絶対というわけではありません。月次情報（以下、月次）とは、ひと言で言うと、企業が毎月開示する「決算情報」のことです。月次の開示は、小売・飲食・サービス業など、私たち消費者にとって身近な企業に多いです。開示している企業は限られていますが、毎月発表されるだけに、読み方を知っておくと、ほかの投資家に先んじてチャンスをつかむことも可能です。

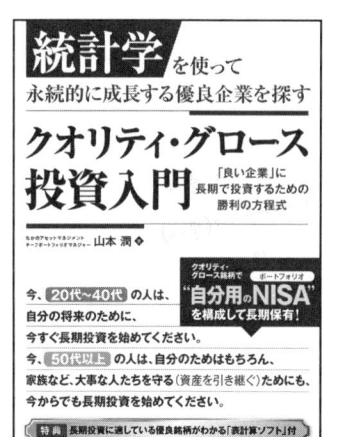

統計学を使って永続的に成長する優良企業を探す
クオリティ・グロース投資入門

山本潤【著】

定価 本体2,200円＋税　ISBN:9784775991893

クオリティ・グロース銘柄でつくった"自分用のNISA"で値上がり益と配当の両方を手にする

今、20代や30代、40代の人たちにとっての「長期」とは、現実的に見て、10年、20年、30年という話だと思います。この限りある時間を将来の自分の資産形成のために有効に活用するうえでも、若い世代の方々には「すぐに投資を始めてほしい」と思います。なぜなら、長期投資の上手なコツは「早く始めて、長く保有する」ことにあるからです。少しでも自分にとって有利に働くように、少しでも早く始めてください。

一流のトレードは、一流のツールから生まれる！
TradingView 入門
「使える情報」を中心にまとめた実戦的ガイドブック

向山勇【著】　TradingView-Japan【監修】

定価 本体2,000円+税　ISBN:9784775991848

全世界3500万人超が利用するチャートツールの入門書

"質"の高い情報が、あなたのトレードの"質"を高める実戦トレーディングビュー活用入門。株式、FX、金利、先物、暗号資産などあらゆる市場データにアクセスできる、投資アイデアを共有できるSNS機能など、無料で使える高機能チャートの徹底活用ガイド。インストール不要だから外出先ではスマホでも。また、株式トレーダーには企業のファンダメンタルズを表示できるのも嬉しい。

買い手と売り手の攻防の「変化」を察知し、
トレンドの「先行期」をいち早くキャッチする
天から底まで根こそぎ狙う
「トレンドラインゾーン」分析

野田尚吾【著】

定価 本体2,800円+税　ISBN:9784775991862

トレンドラインを平均化した面（ゾーン）なら、変化の初動に乗ってダマシを極力回避し、天から底まで大きな利益を狙える。

大ダウ下降トレンドラインゾーン　©Noda Shougo

A

小ダウチャネルゾーン

小ダウ上昇トレンドラインゾーン

※Aの部分は大ダウ下降トレンドラインゾーンに到達してきたタイミングで大ダウ目線の新規売りが出現しやすい